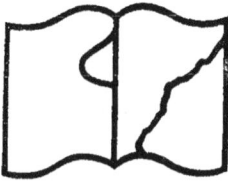

Couvertures supérieure et inférieure
détériorées

Couvertures supérieure et inférieure
en couleur

HANNEDOUCHE

AVENTURES
DU
BARON DE MUNCHAUSEN

LECÈNE, OUDIN ET Cie, ÉDITEURS

PARIS — 17, RUE BONAPARTE — PARIS

4 flle in - 12 - 24000

VOYAGES

DU BARON DE MUNCHAUSEN

Sixième Série. — Format in-8°.

POITIERS. — IMPRIMERIE OUDIN ET Cie.

VÉRITÉ

COURAGE

RON DE MUNCHHAUSEN

RIEN DE TROP

NOUVELLE BIBLIOTHÈQUE ILLUSTRÉE DE VULGARISATION

VOYAGES

DU

BARON DE MUNCHAUSEN

NOUVELLE ADAPTATION

PAR

HANNEDOUCHE

INSPECTEUR DE L'ENSEIGNEMENT PRIMAIRE

Illustrations de Liéger

PARIS

LECÈNE, OUDIN ET Cie, ÉDITEURS

15, RUE DE CLUNY, 15

—

1894

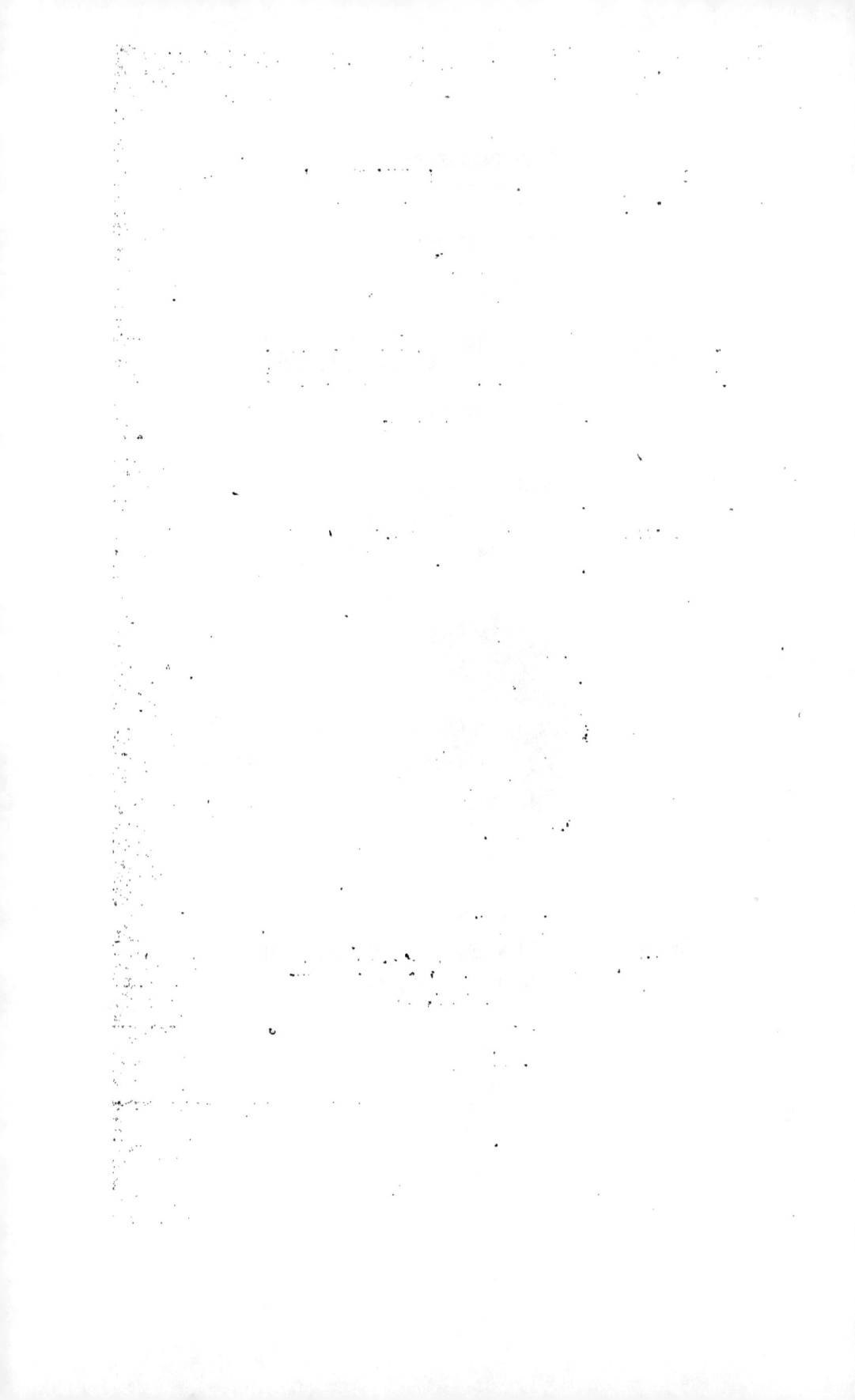

AU PUBLIC

Ayant été informé, pour la première fois, que mes aventures avaient été mises en doute, et considérées comme des plaisanteries, je me crois obligé de venir affirmer ma réputation de véracité, en versant trois francs soixante-quinze centimes à l'Hôtel-de-Ville pour le certificat ci-dessous transcrit.

J'ai été forcé de prendre cette mesure par égard pour mon honneur, quoique je me sois retiré depuis beaucoup d'années de la vie publique et privée, et j'espère que cette dernière édition me placera dans un jour favorable, vis-à-vis de mes lecteurs.

« *Cité de Londres (Angleterre).*

« *Nous, soussignés, affirmons très solennel-*

« lement que toutes les aventures de notre ami le
« BARON DE MUNCHAUSEN, dans quelque contrée
« qu'elles soient arrivées, sont des faits positifs.
« Et puisque nous avons été crus, nous dont
« les aventures sont dix fois plus étonnantes,
« nous espérons de même que tous les vrais
« croyants lui donneront foi entière et confiance.

Signé : GULLIVER.

SINBAD.

ALADDIN.

« Légalisé à l'Hôtel-de-Ville
« le 9 novembre dernier, en
« l'absence du Lord Maire
    « Le Portier,
      « JEAN. »

          « Place du cachet
            « avec la devise :
          « DOMINE, DIRIGE NOS. »

VOYAGES

DU

BARON DE MUNCHAUSEN

PREMIÈRE PARTIE

CHAPITRE PREMIER.

(Le baron est supposé raconter ses aventures à ses amis autour d'une bouteille.)

Le baron fait un récit de ses voyages. — Etonnants effets d'un orage. — Il arrive à Ceylan. — Il combat et vainc deux adversaires extraordinaires. — Il retourne en Hollande.

Quelques années avant d'arriver à l'âge adulte, ou, en d'autres termes, quand je n'étais ni un homme, ni un garçon, mais entre les deux, j'exprimais souvent dans mes conversations un ardent désir de voir le monde, désir que com-

1°

battaient mes parents, quoique mon père eût
lui-même fait des voyages assez importants,
comme on le verra avant que j'aie terminé le
récit de mes singulières et, je puis ajouter, intéressantes aventures. Un cousin, du côté ma-
ternel, me prit en amitié, répéta souvent que
*j'étais en pleine force de jeunesse et que j'avais
tout ce qu'il fallait pour satisfaire ma curiosité.*
Son éloquence fit plus d'effet que la mienne,
car mon père consentit à me prendre avec lui
dans un voyage à l'île de Ceylan, où son oncle
avait été longtemps gouverneur.

Nous nous embarquâmes à Amsterdam, por-
teurs de lettres de recommandation de leurs
HAUTES PUISSANCES des Etats de Hollande. La
seule circonstance qui marque notre voyage et
qui est digne d'être relatée, fut le merveilleux
effet d'un orage qui déracina un grand nombre
d'arbres, énormes comme grosseur et comme
hauteur, dans une île près de laquelle nous avions
jeté l'ancre pour faire provision de bois et d'eau.
Plusieurs de ces arbres pesaient plusieurs

tonnes; cependant ils étaient enlevés par le
vent à une hauteur si étonnante qu'ils paraissaient comme les plumes des petits oiseaux
flottant dans l'air, car ils étaient au moins
à cinq milles au-dessus de la terre; cependant, aussitôt que l'orage eut cessé, ils tombèrent perpendiculairement dans leurs places
respectives, et prirent racine de nouveau,
excepté le plus gros, qui se trouva, pendant
qu'il était enlevé dans l'air, avoir un homme et
sa femme, un respectable vieux couple, dans
ses branches, cueillant des concombres (dans
cette partie du globe, cet utile légume croît sur
les arbres); le poids de ce couple, comme
l'arbre descendait, fit contrepoids au tronc, et
l'arbre tomba dans une position horizontale: il
tomba sur le commandant de l'île et le tua sur
place; il avait quitté sa maison pendant l'orage,
dans la crainte qu'elle ne tombât sur lui, et il
était rentré dans son propre jardin quand ce
bienheureux accident se produisit. Le mot
bienheureux, ici, demande une explication. Ce

commandant était un homme très avare, d'un caractère tyrannique, et bien qu'il n'eût pas de famille, les naturels de l'île étaient à demi ruinés par des exactions continuelles.

Les sommes considérables qu'il avait ainsi prélevées étaient immobilisées dans ses caisses, pendant que les pauvres misérables qu'il avait pillés languissaient dans la pauvreté. Quoique la mort de ce tyran fût accidentelle, le peuple choisit les moissonneurs de concombres pour ses gouverneurs, comme marque de leur gratitude pour avoir détruit, quoique accidentellement, leur dernier tyran.

Après avoir réparé les dommages causés par cet orage extraordinaire et pris congé du nouveau gouverneur et de sa dame, nous mîmes à la voile par un vent favorable pour le but de notre voyage.

Au bout de six semaines nous arrivâmes à Ceylan, où nous fûmes reçus avec de grandes marques d'amitié et de politesse. Les singulières aventures dont le récit va suivre ne seront pas trouvées peu intéressantes.

Après avoir résidé à Ceylan l'espace de quinze jours, j'accompagnai un des frères du gouverneur dans une partie de chasse. C'était un homme fort, athlétique et rompu au climat (car il habitait ce pays depuis plusieurs années); il supportait bien mieux que moi l'ardeur des rayons du soleil; dans notre excursion, il marchait avec rapidité malgré l'épaisseur du bois, alors que j'étais seulement sur la lisière.

Sur les bords d'une grande pièce d'eau qui avait attiré mon attention, je crus entendre un bruissement derrière moi; en tournant la tête, je fus comme pétrifié (et qui ne le serait pas?) à la vue d'un lion, qui s'était évidement approché avec l'intention de satisfaire son appétit sur ma pauvre carcasse, et cela sans demander mon consentement. Que faire dans cet horrible dilemme? Je n'avais pas seulement une minute pour réfléchir; mon fusil était simplement chargé de grenaille de plomb, et je n'avais rien autre chose sur moi; toutefois, bien que je n'eusse

aucun espoir de tuer un tel animal avec cette
faible espèce de munition, j'avais cependant
quelque espoir de l'effrayer par la détonation,
et peut-être aussi de le blesser. Immédiatement
je fis feu, sans attendre qu'il fût à portée, et le
bruit ne fit que l'exaspérer, car aussitôt il
s'avança d'un pas plus vif, et sembla se diriger
vers moi avec rapidité; j'essayai de fuir, mais
cela ne fit qu'ajouter (s'il était possible d'ajouter
quelque chose) à ma détresse; car au moment
où je tournais les talons, je trouvai un énorme
crocodile, la gueule démesurément ouverte pour
me recevoir. A ma droite était la pièce d'eau
dont j'ai déjà parlé, et à ma gauche un précipice
affreux, qui servait, comme je l'ai appris depuis,
de retraite à des animaux venimeux; en un mot,
je me crus perdu, car le lion était maintenant
sur ses pattes de derrière, sur le point de me
saisir. Je tombai involontairement sur la terre
de peur, et, comme je le sus plus tard, il bondit
sur moi. Je fus quelques instants dans une
situation qu'aucun langage ne saurait dépeindre,

dans l'attente de sentir à chaque moment les dents ou les griffes dans quelque partie de ma personne. Après avoir attendu quelques se-

La tête du lion était dans le gosier du crocodile.

condes dans cette situation inoubliable, j'entendis un bruit, aussi violent qu'inusité, différent de tous ceux qui jusque-là avaient frappé mes oreilles ; mais vous ne serez pas étonnés quand je vous dirai d'où il venait. Après avoir écouté quelque temps, je m'aventurai à lever la tête et à regarder autour de moi, quand, à ma grande joie, je vis que le lion avait, par l'élan avec

lequel il s'était jeté sur moi, sauté bien avant,
au moment où je tombais, dans la gueule du crocodile, laquelle, comme je l'ai dit plus haut,
était grande ouverte : la tête de l'un était dans
le gosier de l'autre, et ils s'étranglaient mutuel-
lement sans pouvoir se séparer. Je me rappelai
heureusement mon couteau de chasse qui pen-
dait à mon côté; avec cet instrument je tranchai
la tête du lion d'un seul coup, et le reste du
corps tomba à mes pieds. Alors, avec la crosse
de mon fusil, j'enfonçai la tête plus avant dans
le gosier du crocodile qui mourut par suffoca-
tion, car il ne put ni avaler ni expulser ce morceau.

Aussitôt après que j'eus ainsi gagné une
complète victoire sur mes deux puissants
adversaires, mon compagnon arriva à ma recherche, car, voyant que je ne le suivais pas
dans le bois, il revint sur ses pas, craignant
que j'eusse perdu mon chemin, ou qu'il me fût
arrivé quelque accident.

Après de mutuelles congratulations, nous

mesurâmes le crocodile, qui avait juste quarante pieds de longueur.

Le crocodile empaillé.

Dès que nous eûmes raconté cette aventure
extraordinaire au gouverneur, il envoya un
chariot et des hommes, qui ramenèrent les deux
cadavres. La peau du lion fut très bien conser-

vée avec ses poils ; j'en fis faire des blagues à tabac, que je présentai, à mon retour en Hollande, aux bourgmestres, qui, en échange, me forcèrent d'accepter mille ducats.

La peau du crocodile fut empaillée à la manière ordinaire, et forme aujourd'hui une des pièces principales du Muséum d'Amsterdam, où le gardien raconte l'histoire complète à chaque spectateur, en faisant même quelques additions de son crû. Quelques-unes de ces variantes sont assez extravagantes : ainsi il dit que le lion jeté tout entier dans le crocodile cherchait une issue par la porte de derrière, et que, quand sa tête apparut, Monsieur le Grand Baron (ainsi qu'il lui plait de m'appeler) la coupa, avec trois pieds de la queue du crocodile ; de plus, *cet ami de la vérité* ne se gêne pas d'ajouter que le crocodile, sitôt qu'il se vit privé de sa queue, se retourna et saisissant le couteau de chasse de la main de Monsieur, il l'avala avec une telle énergie qu'il se perça lui-même le cœur et mourut immédiatement.

Le peu de respect que montre cet impudent narrateur pour la vérité me fait quelquefois craindre que la réalité de mes faits soit mise en suspicion, en les trouvant mélangés à des fables invraisemblables.

CHAPITRE II.

Je partis de Rome pour faire un voyage en Russie, au milieu de l'hiver, au moment où la gelée et la neige peuvent faciliter la circulation sur les routes, ainsi que l'ont communément raconté les voyageurs qui ont parcouru les parties septentrionales de la Germanie, de la Pologne, de la Courlande et de la Livonie. Je pris un cheval, comme la manière la plus commode de voyager; je n'étais que légèrement vêtu, et de ceci je reconnus les inconvénients en avançant davantage vers le nord-est. Combien doit souffrir un pauvre vieillard, dans ce rude climat, par une température glaciale, comme celui que je vis sur une lande glacée en Pologne, couché sur la route, sans ressources, frissonnant,

ayant à peine de quoi couvrir sa nudité !
J'eus pitié du pauvre malheureux ; bien que
j'eusse moi-même à souffrir du froid, je jetai
mon manteau sur lui, et immédiatement j'entendis une voix dans les airs, me bénissant pour
cette preuve de charité, disant :

« Vous serez récompensé, mon fils, pour cette
bonne action. »

Je poursuivis ma route ; la nuit et les ténè-
bres m'environnaient. Aucun village ne paraissait à ma vue. Le pays était couvert de neige,
et je ne reconnaissais plus ma route.

Fatigué, je mis pied à terre, et attachai mon
cheval à quelque chose qui émergeait contre la
souche d'un arbre perçant la couche de neige ;
pour plus de sécurité, je plaçai mes pistolets
sous mon bras, et me couchai sur la neige où
je dormis si profondément que je ne m'éveillai
que le lendemain en pleine lumière. Il est bien
difficile de concevoir mon étonnement en me
trouvant au milieu d'un village, couché dans un
cimetière ; je ne voyais plus mon cheval, mais

je l'entendis, bientôt après, hennir quelque part
au-dessus de moi. En levant les yeux, je l'aperçus pendu par la bride à la girouette du clocher.
Tout s'expliquait clairement à cette heure ; le
village avait été couvert de neige la nuit précédente ; un changement soudain s'étant produit
dans la température, j'étais descendu dans le
cimetière pendant mon sommeil, gentiment,
dans le même temps que la neige avait mis à
fondre ; et ce que dans l'obscurité j'avais pris
pour une souche d'arbre émergeant au-dessus
de la neige, et à laquelle j'avais attaché mon cheval, n'était autre chose que la croix ou la
girouette du clocher.

Sans réfléchir longtemps, je pris un de mes
pistolets, coupai la bride en deux, rentrai en
possession de mon cheval et continuai mon
voyage. (Ici le baron paraît avoir oublié ses
bons sentiments : il dut certainement comman-
der pour son cheval une bonne ration de grain,
après un jeûne aussi long.)

Il me transporta sans encombre dans l'inté-

rieur de la Russie. Je trouvai que voyager en
selle était assez incommode en hiver ; alors je
me soumis, comme je fais toujours, aux habi-
tudes du pays ; je pris un traîneau à un seul
cheval, et je traversai gaiment Saint-Pétersbourg. Je ne me rappelle plus exactement si
c'était dans la Russie Orientale ou la Nouvelle
Russie ; mais je me souviens que c'était au milieu
d'une sombre forêt ; je vis un loup courant après
moi, avec toute la vitesse que la faim peut donner en hiver. Il ne tarda pas à m'atteindre. Il n'é-
tait pas possible d'échapper. Machinalement
je me couche à plat dans le traîneau, et laisse
courir mon cheval pour notre salut. Ce que je
souhaitais, sans trop oser l'espérer ou l'attendre,
arriva immédiatement après. Le loup ne m'a-
perçut pas du tout, sauta au-dessus de moi, et
tombant furieusement sur le cheval, il commença immédiatement à déchirer et dévorer le
derrière du pauvre animal qui courut désespé-
rément, fou de douleur et de terreur. Ainsi
négligé et sauvé moi-même, je levai lentement

U.1 cheval était pendu à la girouette du clocher.

VOYAGES DU BARON DE MUNCHAUSEN.

2

la tête, et avec horreur je vis que le loup avait
mangé un trou dans le corps de mon cheval; il
s'en fallait de peu pour qu'il y entrât lui-même
en entier ; alors je repris courage et tombai

Le loup était dans les harnais.

sur lui avec le manche de mon fouet. Cette attaque inattendue sur son derrière l'effraya telle
ment, qu'il s'élança en avant de toutes ses
forces ; le cadavre de mon cheval gisait sur la
terre ; mais à sa place le loup était dans les harnais, et pour ma part je continuai de le fouetter
continuellement ; nous arrivâmes l'un et l'autre
au grand galop à Saint-Pétersbourg, contraire

ment à notre attente respective, et au grand
étonnement des spectateurs.

Je ne vous fatiguerai pas, messieurs, avec la
politique, les arts, les sciences et l'histoire de
cette magnifique métropole de la Russie ; je ne
vous troublerai pas non plus avec les intrigues
de toutes sortes et les plaisantes aventures que
j'eus dans les cercles les plus élégants de ce
pays, où les maîtresses de maison reçoivent
toujours le visiteur avec un verre de liqueur et
un baiser. Je me bornerai plutôt à de plus grands
et de plus nobles objets de votre attention, chevaux et chiens, mes héros favoris dans la gent
animale; je vous parlerai aussi des renards,
des loups et des ours, et du gibier en général,
que l'on trouve en Russie plus qu'en aucune
autre partie du monde, et aussi des jeux, des
exercices virils, des hauts faits de galanterie et
d'activité que montre le Russe bien mieux que
le Grec suranné ou le Latin vieilli, ou que tout le
parfum, la beauté et les gambades des spirituels
Français qu'on nomme *petits maîtres.*

CHAPITRE III.

Rencontre entre le nez du baron et le dormant d'une porte,
avec ses merveilleux effets. — Cinquante couples de
canards et autres oiseaux tués d'un coup de fusil. — Il
fait sortir un renard de sa peau. — Il ramène chez lui
une vieille laie par un nouveau procédé et maîtrise un
sanglier.

C'était quelque temps avant d'obtenir une
commission dans l'armée; depuis plusieurs
mois j'étais parfaitement libre, et je dépensais
mon temps et mon argent de la plus agréable
façon. Vous pouvez facilement vous imaginer
que je me fatiguai beaucoup à parcourir la ville
et les environs avec de gentils compagnons qui
s'ingéniaient à me faire connaître tous les coins
des bois de la région. Rien que le souvenir de
ces amusements me cause un sensible plaisir et
fait naître en moi un désir ardent de les voir
se renouveler. Un matin, je vis des fenêtres de
ma chambre à coucher qu'un grand étang peu
éloigné était couvert de canards sauvages. Au

même instant je prends mon fusil dans son coin,
et je descends l'escalier qui conduit dehors avec
une telle précipitation que je viens me cogner
la figure contre le dormant de la porte. Le feu
sembla sortir de mes yeux, mais cet accident
ne put me retenir. Je me disposais à faire feu,
lorsque, levant mon fusil pour viser, je m'aperçus, à mon grand désespoir, que le silex s'était
détaché du chien par la violence du choc que
j'avais reçu. Il n'y avait pas de temps à perdre.
Je me rappelai l'effet produit sur mes yeux
quelques instants auparavant; alors j'ouvris le
bassinet, mis mon fusil en joue contre les canards et donnai un coup de poing contre un de
mes yeux. (Les yeux du baron avaient conservé
leur feu depuis lors et paraissaient lancer des
éclairs pendant la relation de cet épisode.) Une
forte étincelle jaillit de nouveau, le coup partit
et je tuai cinquante paires de canards sauvages,
trente canards siffleurs et trois couples de sar-
celles. La présence d'esprit est l'âme des grands
exploits. Si les soldats et les marins lui doivent

une bonne partie de leurs succès, les chasseurs et les cavaliers ne lui sont pas moins redevables de bon nombre de leurs exploits. Dans une belle forêt de Russie, je rencontrai un superbe renard noir dont il eût été fort regrettable de trouer la peau avec une balle de fusil. Le renard s'arrêta contre un arbre. En un clin d'œil j'ai retiré ma balle, placé un clou dans le canon, fait feu, et atteint le renard si adroitement que je le clouai par la queue contre l'arbre. Je courus sur lui et avec mon couteau de chasse je lui fis une incision sur le front, puis, frappant hardiment avec mon fouet, je fis sortir doucement le renard m'abandonnant sa belle peau.

La chance et la bonne fortune corrigent souvent nos méprises; de ceci, j'eus un singulier exemple bientôt après, quand, dans la profondeur d'une forêt, je vis un sanglier et une laie courant l'un derrière l'autre. Ma balle les manqua; cependant le sanglier qui marchait en avant se sauva seul, et la laie s'arrêta étonnée, comme fixée au sol. En examinant de près,

je trouvai que cette dernière était une vieille
laie, aveugle par l'âge, qui avait pris la queue
du sanglier et se laissait guider comme par un
fils dévoué. Ma balle, étant passée entre les
deux, avait coupé la queue conductrice, que la
vieille laie continuait de tenir dans sa bouche ;
et comme son premier guide ne la tirait plus en
avant, elle s'était arrêtée dans sa course ; je
saisis alors le bout restant de la queue du sanglier et conduisis la vieille bête chez moi sans
aucune crainte de ma part, sans aucune répugnance ni appréhension de la part de cet animal
vieux et infirme.

Ces vieilles laies sont terribles ; mais les
sangliers sont bien plus méchants et plus dangereux. J'eus un jour la malechance de rencon-
trer un de ces derniers dans une forêt, au
moment où je n'étais préparé ni pour l'attaque
ni pour la défense. Je venais de me cacher
derrière un chêne, lorsque l'animal furieux
s'élança de côté vers moi, avec une telle force
que ses crocs percèrent l'arbre, de telle sorte

qu'il ne put ni recommencer son attaque ni se
retirer. Ho! ho! pensai-je, je te tiens maintenant! Et immédiatement je saisis une pierre,
avec laquelle je martelai ses dents et les rivai
de telle sorte qu'il ne put les retirer par aucun
moyen. Je courus au plus prochain village pour
y chercher des cordes et une charrette, afin de
m'assurer de lui convenablement et de le ramener sain et sauf. J'ai parfaitement réussi.

CHAPITRE IV.

Vous avez entendu parler, j'aime à le croire,
de saint Hubert, le protecteur du chasseur, et
de son noble cerf qui lui apparut un jour dans
la forêt avec la sainte croix entre ses cornes.
Chaque année je fais mes dévotions à ce saint
en bon compagnon, et j'ai vu ce cerf mille fois,
ou représenté dans les églises, ou brodé dans
les bannières de ses chevaliers : de sorte que,
sur l'honneur et la conscience d'un bon chasseur,
je ne sais s'ils ont été ainsi de tout temps ou
s'il n'y a de cerfs croisés que depuis ce jour.
Mais laissez-moi vous dire ce que j'ai vu moi-
même. Ayant un jour oublié mes munitions, je

me trouvai inopinément en présence d'un cerf
de haute taille, me regardant avec indifférence
comme s'il avait su que mes sacs à plomb
étaient vides. Je chargeai immédiatement avec
de la poudre, et par-dessus je mis une bonne
poignée de noyaux de cerises, car j'avais sucé le
fruit aussi complètement que la précipitation
me l'avait permis. Alors je fis feu sur le cerf et
je l'atteignis juste au milieu du front entre les
cornes. Il fut étourdi, il chancela, et cependant
il décampa. Un ou deux ans après, étant en
partie dans la même forêt, je rencontrai un joli
cerf avec un superbe cerisier de dix pieds de
haut poussé entre ses cornes. Je me rappelai
immédiatement ma précédente aventure, le considérai comme ma propriété, et le couchai par
terre d'un coup de fusil qui en une fois me
donna le morceau et l'assaisonnement, car
l'arbre était couvert des fruits les plus riches
comme je n'en avais jamais goûté auparavant.
Qui sait si quelque saint et passionné chasseur,
un abbé ou un évêque en partie de chasse, n'a

pas en tirant planté et fixé la croix entre les cornes du cerf de saint Hubert, d'une manière semblable à la mienne ! Ils ont toujours été et seront toujours fameux pour planter des croix et des andouillers ; et dans un cas de détresse ou dans une situation périlleuse, ce qui arrive trop souvent aux chasseurs, on est disposé à saisir tout ce qui peut sauver, et à essayer n'importe quel expédient plutôt que de laisser échapper une occasion favorable. Je me suis trouvé maintes fois dans une situation analogue.

Que dites-vous de ceci, par exemple ? Un jour, le feu et la poudre me manquèrent à la fois dans une forêt polonaise. Je me rendais chez moi quand un ours terrible se dirigea vers moi à grande vitesse, avec la bouche ouverte, disposé à me dévorer ; toutes mes poches furent visitées en un instant pour chercher de la poudre et des balles, mais en vain; je ne trouvai rien que deux malheureux cailloux ; j'en lançai un de toute ma force dans la gueule

béante du monstre ; mon projectile pénétra
dans son gosier. La douleur lui fit tourner le
dos de telle sorte que je pus lui lancer ma seconde pierre par derrière. J'obtins un succès
merveilleux ; car dans son trajet la pierre ren-
contra la première dans l'estomac de l'ours, une
étincelle se produisit, et le monstre éclata avec
une explosion épouvantable. Quoique je fusse
sain et sauf pour cette fois, je ne désire plus
essayer de nouveau, ni m'aventurer contre les
ours avec de pareilles munitions.

Il y a dans tout ceci une sorte de fatalité. Les
plus fiers et les plus dangereux animaux m'at-
taquent généralement quand je suis sans
défense, comme s'ils en avaient connaissance
ou une sorte d'intuition. C'est ainsi qu'un loup
féroce s'élança sur moi si soudainement et me
serra de si près, que je ne pus faire autre chose
que d'obéir à un instinct machinal, en plongeant mon poing dans sa gueule ouverte. Pour
assurer mon salut, je poussai et repoussai
tant et si bien que mon bras lui entra jusqu'à

l'épaule. Comment me dégager maintenant ?
Je ne me plaisais guère dans cette situation
délicate, face à face avec un loup; nos œillades
n'étaient pas précisément ce qu'il y avait de
plus amusant. Si je sortais mon bras, l'animal
pouvait bondir plus furieusement sur moi; et
cela je le lisais dans ses yeux flamboyants. A
la fin je saisis sa queue, le retournai comme
un gant, et le jetai par terre, où il resta inanimé.

Le même expédient ne m'aurait pas réussi
avec un chien enragé, qui bientôt après se
précipita contre moi dans une étroite rue de
Saint-Pétersbourg. Sauve qui peut ! pensai-je,
et je ne trouvai rien de mieux que de lui jeter
mon manteau fourré et de me réfugier précipi-
tamment derrière une porte. J'envoyai ensuite
mon domestique chercher mon manteau, et il
le porta dans ma garde-robe avec mes autres
vêtements. Le lendemain je fus étonné et effrayé
par Jack qui accourut vers moi en s'écriant :
« Pour l'amour de Dieu, Monsieur, votre manteau fourré est enragé ! » Je courus en toute

hâte derrière lui, et trouvai la plupart de mes
vêtements éparpillés de côté et d'autre et mis
en pièces. Le domestique avait parfaitement
raison, ses appréhensions étaient fondées et
mon manteau fourré était enragé. Je le vis moi-
même qui venait de tomber sur un bel habit
de cérémonie qui m'allait très bien ; il le re-
muait et le secouait d'une manière inexorable.

CHAPITRE V.

Les effets d'une grande activité et de la présence d'esprit. — Description d'une chienne favorite. — Aventure extraordinaire, unique, qui arrive à cette chienne et à un lièvre qu'elle poursuit. — Le comte Probossky fait présent au baron d'un cheval fameux, avec lequel il fait quelques actions d'éclat.

Toutes ces véridiques et heureuses histoires, Messieurs, sont des chances tournées à mon avantage par la présence d'esprit et l'habitude de l'exercice, qui, réunis ensemble, comme chacun le sait, peuvent faire la fortune du chasseur, du marin et du soldat ; mais on serait un très blâmable et très imprudent chasseur, amiral ou général, si on se fiait toujours à sa bonne étoile sans s'exercer aux arts qui préparent à ces professions, et sans se prémunir des instruments qui assurent le succès. Je n'ai rien à me reprocher sous ce rapport, car je me suis toujours fait remarquer autant par l'excellence de mes chevaux, de mes chiens, de mes fusils et de

mes poignards, que par la bonne manière de
m'en servir dans les forêts, sur le turf et dans
les champs, ainsi que j'espère vous le démon-
trer. Je n'entrerai pas ici dans le détail de mes
étables, de mon chenil ou de ma salle d'armes ;
mais je ne puis résister au plaisir de vous
entretenir de ma chienne favorite : c'était une
levrette, et jamais je n'en vis de plus belle. Elle
resta longtemps à mon service, et était remarquable non par sa taille, mais plutôt par son
agilité peu commune. Si vous l'aviez vue, vous
l'auriez admirée, et vous ne trouveriez pas
excessive ma prédilection. En chasse elle était
admirable. Elle courut si vite, tant et si longtemps à mon service qu'elle a en ce moment
perdu l'usage de ses pattes, de telle sorte que,
dans la dernière partie de sa vie, je me vois
dans la nécessité de la dresser et de l'utiliser
seulement comme terrier : de cette façon, elle
peut encore me rendre service plusieurs
années.

Poursuivant un jour un lièvre qui paraissait

d'une grosseur peu commune, je voulus ménager ma pauvre chienne qui était aussi devenue
très replète ; cependant elle courut plus que
jamais. Je pouvais la suivre à cheval, seulement
à une grande distance. Une fois j'entends un
bruit qui ressemble à celui d'une meute de
chiens, mais si faible et si débile que je n'y
comprenais plus rien. En m'approchant, je fus
étrangement surpris : le lièvre était suivi de
ses levrauts, et ma chienne était suivie de ses
petits, et il y avait juste autant de levrauts que
de petits chiens. Par instinct, les premiers
couraient, les autres poursuivaient ; et je me
trouvai en possession tout d'un coup de six
lièvres et d'autant de chiens, à la fin d'une chasse
qui avait commencé avec un seul.

Je me souviens de ma merveilleuse chienne,
avec le même plaisir et la même tendresse que
d'un superbe cheval lithuanien qui ne m'avait
guère coûté d'argent. Il devint ma propriété par
un hasard qui me donna l'occasion de montrer
mon habileté en équitation avec grand avantage.

J'étais en Lithuanie à la maison de campagne
du noble comte Probossky, en compagnie des
dames qui prenaient le thé dans le salon pendant que les messieurs étaient descendus dans

Le lièvre était suivi de ses levrauts
et une chienne de ses petits.

la cour pour voir un cheval de sang qui venait
d'arriver du haras. Soudainement nous entendons un cri de détresse ; je me précipite dans
les escaliers, et je trouve le cheval si en furie
que personne n'osait ni le monter ni l'approcher. Les plus hardis cavaliers restaient effarés
et épouvantés ; la frayeur se lisait sur tous les

visages, quand, d'un bond, je sautai sur le dos
du cheval, paralysé par la surprise, et le rendis
gentil et obéissant, avec la plus belle parade
d'équitation dont j'étais capable. Voulant le
montrer aux dames, sans leur causer aucune
frayeur, je l'obligeai à sauter par une des
fenêtres ouvertes dans la salle de thé, dont je
lui fis faire plusieurs fois le tour, au pas, au trot
et au galop, et à la fin je le fis monter sur la
table de thé où il répéta ses leçons avec une si
jolie prestance et avec des gestes si gracieux
qu'il sut excessivement plaire aux dames, car
il les émerveilla surtout en ne cassant ni un
verre ni une soucoupe. Il me plaça si haut dans
leur opinion et dans celle du grand seigneur,
que celui-ci, avec sa politesse accoutumée, me
demanda d'accepter ce jeune cheval et de le
monter pour prendre part à la campagne contre
les Turcs, sitôt qu'elle serait ouverte, sous le
commandement du comte de Munich.

Je ne pouvais, à coup sûr, recevoir un cadeau
plus agréable et qui fût de meilleur augure

pour moi à l'ouverture de cette campagne, dans laquelle je devais faire mon apprentissage de soldat. Mon cheval si beau, si intelligent, si fier, — à la fois un agneau et un bucéphale — devait me mettre toujours à même de remplir mon devoir de soldat et de gentilhomme, et d'imiter le jeune Alexandre en accomplissant les étonnants exploits qui le rendirent si célèbre sur les champs de bataille.

Nous fîmes la guerre, et parmi plusieurs raisons qui l'avaient motivée, il s'en trouvait une principale : c'était le désir de relever la réputation des armées russes, qui avait été quelque peu atteinte par la dernière expédition du czar Pierre, sur le Pruth, et nous y réussîmes complètement en plusieurs campagnes très fatigantes, mais glorieuses, sous le commandement du grand général que j'ai déjà nommé.

La modestie interdit aux simples soldats de s'arroger les grands succès ou les victoires : la gloire en général en revient non seulement au

commandant en chef, mais, ce qui est bien plus
inadmissible, aux rois et aux reines qui n'ont
jamais senti l'odeur de la poudre que les jours
d'exercice ou de revue de leurs troupes, et qui
n'ont jamais vu un champ de bataille ni un
ennemi rangé en ordre de combat.

Aussi ne dois-je pas revendiquer ma part de
gloire dans les grands engagements que nous
avons eus avec l'ennemi. Tous nous avons fait
notre devoir, ce qui, dans la bouche d'un
patriote, d'un soldat ou d'un gentleman, est un
mot qui renferme beaucoup de choses, un mot
de grand mérite, signification et portée, et dont
la plupart des nouvellistes et des politiciens de
café ne peuvent se former qu'une idée bien
imparfaite. Cependant, ayant eu le commandement d'un corps de hussards, je dirigeai plusieurs expéditions avec des pouvoirs discrétion-
naires ; et le succès qui les couronna peut, je
pense, être mis sans inconvénient à mon actif
et à celui des braves compagnons qui m'aidèrent
à conquérir la victoire. Nous eûmes un chaud

engagement à l'avant-garde de l'armée, quand
nous marchions contre les Turcs à Oczakow.
Mon fougueux lithuanien me conduisit dans un
mauvais pas : j'étais aux avant-postes, lorsque
je vis les ennemis s'avancer contre moi dans un
nuage de poussière, qui m'empêchait de connaître leur nombre et de découvrir leurs inten-
tions ; la prudence la plus élémentaire m'ordon-
nait de m'envelopper aussi dans un.nuage semblable, mais cela ne m'avancerait guère et ne
répondrait pas au but pour lequel j'avais été
envoyé en cet endroit. Alors j'ordonnai à mes
soldats des deux côtés de courir de droite et de
gauche et de faire le plus possible de poussière,
et moi-même je me dirigeai droit sur les ennemis pour les examiner de plus près. Bien m'en
prit d'agir ainsi, car ils firent halte et se dispo-
sèrent à combattre, jusqu'à ce que, par crainte
de mes hommes, ils commencèrent à se mouvoir
en désordre. C'était le moment opportun de
tomber sur eux ; nous les chargeâmes vigou-
reusement et nous fîmes dans leurs rangs un

terrible ravage ; nous les poursuivîmes non
seulement jusqu'à une ville fortifiée qui se
trouvait derrière eux, mais encore au delà,
contrairement à notre attente.

Nous chargeâmes vigoureusemedt.

La légèreté de mon lithuanien m'avait permis
d'être en avant dans la poursuite ; et, voyant
l'ennemi fuir à toute bride vers la porte opposée,
je pensai qu'il serait prudent de s'arrêter sur la
place du marché pour donner aux hommes un
rendez-vous. Je fis halte, messieurs ; mais jugez
de mon étonnement quand sur cette place du

marché je ne vis aucun de mes hussards autour
de moi ! Sont-ils à courir dans d'autres rues?
Que peut-il leur être arrivé? Ils ne pouvaient
être loin, et encore, à tout événement, ils ne
devaient pas tarder à me rejoindre. En attendant, je conduisis mon lithuanien tout pantelant
à une fontaine sur la place et le laissai boire. Il
buvait immodérément avec une ardeur qu'il ne
pouvait satisfaire, et que je trouvais cependant assez naturelle ; mais lorsque je me retournai pour regarder si mes hommes paraissaient,
que vis-je, messieurs! la partie postérieure de
la pauvre créature, la croupe et les pattes étaient
absentes, comme s'il avait été coupé en deux,
et l'eau s'échappait comme elle entrait sans le
rafraîchir et lui produire aucun bien!

Comment cet accident s'était produit, ce fut
un vrai mystère pour moi, jusqu'au moment où
je retournai avec lui à la porte de la ville. Là je
vis que quand je pénétrais dans la place derrière
l'ennemi qui fuyait pêle-mêle, on avait abattu la
herse (une longue porte suspendue, avec des

lames tranchantes au bas, qui retombe soudainement pour empêcher l'ennemi d'entrer
dans une ville fortifiée), que je n'avais pas aper-
çue et qui avait totalement détaché sa partie
postérieure qui maintenant gisait pantelante du
côté extérieur de la porte. C'eût été une perte
irréparable, si notre vétérinaire n'avait pas
réussi à rapprocher les deux parties et à les
souder ensemble pendant qu'elles étaient
encore chaudes. Il put lès coudre l'une à l'autre
avec des pointes et de jeunes bourgeons de lauriers qui se trouvaient sous sa main. La blessure
se cicatrisa, et ce qui ne pouvait arriver qu'avec
un si glorieux cheval, les bourgeons prirent
racine dans son corps, poussèrent, et formèrent
une auréole autour de moi : de telle sorte que
plus tard je pus faire d'autres expéditions à
l'ombre de mes propres lauriers et de ceux de
mon cheval.

CHAPITRE VI.

Le baron est fait prisonnier de guerre et vendu comme esclave. — Il garde les abeilles du Sultan qui sont attaquées par deux ours. — Il perd une de ces abeilles. — Une hache d'argent, qu'il lance contre les ours, rebondit et arrive dans la lune. — Il la retrouve par une invention merveilleuse. — Il tombe sur la terre à son retour et se tire d'un abîme. — Il dégage une voiture entrée dans une rue étroite par un procédé qu'on n'avait jamais essayé avant et qu'on n'a pas employé depuis. — Merveilleux effets de la gelée sur la corne d'un postillon français.

Je ne fus pas toujours heureux. J'eus le malheur d'être entouré par le nombre et d'être fait prisonnier de guerre; et, ce qui est pire, ainsi que la chose se pratique toujours chez les Turcs, j'ai été vendu comme esclave (le baron fut plus tard en grande faveur près du Grand Seigneur, comme on le verra ci-après). En cet état d'humiliation, ma tâche journalière n'était pas très difficile ni très laborieuse, mais plutôt singulière et ennuyeuse. Elle consistait à conduire chaque matin les abeilles du Sultan dans

les champs où elles trouvaient leur nourriture,
de les attendre tout le long du jour, et à la nuit
de les ramener dans les ruches. Un soir, je
perdis une abeille, et bientôt je découvris que
deux ours s'étaient jetés sur elle pour la mettre
en pièces et s'approprier le miel qu'elle portait.
Je n'avais pour toute arme offensive dans les
mains qu'une hache d'argent qui est l'insigne
des jardiniers et des fermiers du Sultan. Je la
lançai contre les voleurs dans le seul but de les
effrayer et de rendre la liberté à la pauvre
abeille; mais, par un inconcevable tour de mon
bras, elle sauta en l'air et continua de monter
jusqu'à ce qu'elle arriva dans la lune. Comment
pourrais-je la recouvrer? Comment aller la
chercher et revenir? Je me rappelai que les
haricots turcs poussent très vite et s'élèvent
rapidement à une hauteur surprenante. J'en
plantai un immédiatement; il poussa et arriva
en peu de temps à joindre les croissants de la
lune, où j'arrivai heureusement; je ne me
donnai aucun repos avant d'avoir retrouvé ma

hachette, ce qui n'était pas facile dans une
planète où chaque chose a le brillant de l'argent.
Je la trouvai dans un monceau de foin et de
paille hachée. Il s'agissait de descendre ; mais,
hélas! la chaleur du soleil avait desséché mon
haricot; il m'était totalement impossible de
m'en servir pour la descente. Je me mis au travail, et je tressai un câble de cette paille aussi
long et aussi solide que possible. Je l'attachai
à une des cornes de la lune et me laissai glisser
jusqu'au bout de ma corde. Alors, me soutenant
de la main gauche, je manœuvrai la hache de
la main droite, et je coupai un bout de corde
devenu inutile à la partie supérieure. Je l'attachai ensuite à la partie inférieure, ce qui me
permit de descendre un bon bout. La répétition
de cette opération n'augmenta pas la qualité de
la corde et ne me descendit pas jusqu'à la ferme
du Sultan. J'étais à quatre ou cinq milles de
la terre quand la corde se rompit. Je tombai sur
la terre avec une telle violence que je me trouvai abasourdi et dans un trou de neuf toises au

moins de profondeur fait par le poids de mon corps tombant d'une si grande hauteur; je revins à moi, mais je ne savais comment me tirer de là; cependant je creusai des rigoles transversales avec les ongles de mes doigts (les ongles du baron avaient à cette époque quarante ans de croissance) et je sortis heureusement.

A quelque temps de là, la paix fut conclue avec les Turcs et je recouvrai ma liberté; je quittai Saint-Pétersbourg à l'époque de cette singulière révolution au cours de laquelle l'empereur au berceau, son père, le duc de Brunswick, sa mère, le feld-maréchal de Munich furent envoyés en Sibérie. L'hiver fut d'une rigueur excessive dans toute l'Europe, à tel point que le soleil semblait engourdi par la gelée. A mon retour dans ce pays, je rencontrai sur la route des obstacles plus sérieux que ceux contre lesquels j'avais eu à lutter pendant mon séjour en Russie.

Je voyageais en poste, et, me trouvant dans

un chemin étroit, j'engageai le postillon à
donner un signal avec son cor, afin que d'autres
voyageurs ne vinssent pas s'engager dans
l'étroit passage. Il souffla de toutes ses forces,
mais ses efforts furent vains; il ne put faire
sonner la corne, ce qui était inopportun et un
peu malheureux, car bientôt après nous nous
trouvâmes en présence d'une autre voiture venant en sens inverse. Il n'y avait plus moyen
d'avancer ; alors, je descendis de ma voiture,
et comme je suis exceptionnellement fort, je
la plaçai, les roues et tout, sur ma tête; je sautai
au-dessus d'une haie haute de neuf pieds (ce
qui, considérant le poids du coche, était assez
difficile) dans un champ et je revins de nouveau
par un autre saut sur le chemin au-dessus de
l'autre voiture; j'enlevai alors les deux chevaux, et en en plaçant un sur ma tête et l'autre
sous mon bras gauche, par les mêmes moyens
les amenai à ma voiture; nous partîmes et nous
avançâmes jusqu'à une auberge à la fin de notre
étape. Je vous dirai que le cheval sous mon

bras était très vif et n'avait pas plus de quatre
ans ; pendant mon second voyage au-dessus de
la haie, il manifesta sa répugnance pour la
violence qui lui était faite en se secouant et en
lançant des ruades ; c'est pourquoi j'immobi-
lisai ses deux pattes de derrière en les empri-
sonnant dans la poche de mon vêtement. Arrivés
à l'auberge, mon postillon et moi, on nous
servit des rafraîchissements ; il suspendit son
cor à un clou près du foyer, et je m'assis de
l'autre côté.

Soudainement nous entendons un *tereng !*
tereng ! teng ! teng ! Nous regardons de tous
côtés, et nous trouvons la raison pour laquelle
le postillon n'avait pas été capable de sonner
du cor : ses notes étaient gelées dans l'instrument, et sortaient maintenant en dégelant, assez
distinctes, comme si elles avaient été produites
par la bouche d'un musicien, de telle sorte que
l'honnête postillon nous intéressa quelque
temps sans porter son cor à sa bouche avec des
airs variés : — la *Marche du roi de Prusse* ; —

Sur la montagne et dans la plaine — et plusieurs, autres airs favoris; enfin cet intéressant dégel prit fin, et c'est par là que je terminerai ce récit succinct de mes voyages en Russie.

Quelques voyageurs sont enclins à amplifier en racontant des faits qui ne sont pas rigoureusement exacts; si quelques personnes de la compagnie élevaient un doute sur ma véracité, je dis seulement à ces incrédules que je plains leur manque de foi, et les requiers de prendre congé avant que je commence la seconde partie de mes aventures, qui sont aussi strictement exactes en fait que celles que j'ai déjà racontées.

DEUXIÈME PARTIE.

CHAPITRE VII.

Le baron raconte ses aventures d'un voyage dans l'Amérique du Nord, lesquelles sont bien dignes de l'attention du lecteur. — Fredaines d'une baleine. — Un goéland sauve la vie d'un marin. — La tête du baron entre dans son estomac. — Une voie d'eau dangereuse arrêtée à posteriori.

Je m'embarquai à Portsmouth pour l'Amérique du Nord sur un vaisseau de guerre anglais de premier rang, portant cent canons et quatorze

cents hommes. Rien ne vaut la peine d'être
raconté de ce qui se produisit avant notre arrivée à trois cents lieues du fleuve Saint-Laurent,
où le vaisseau heurta violemment contre un
roc (comme nous l'avons supposé) ; cependant,
en jetant la sonde nous ne trouvions pas le fond,
même avec trois cents toises. Ce qui rendait
cette circonstance plus merveilleuse et au-dessus de toute compréhension, c'est que la violence du choc nous avait fait perdre notre gouvernail, brisé notre beaupré par le milieu, et
fendu tous nos mâts du haut en bas ; deux de
ceux-ci furent jetés par-dessus bord. Un pauvre
marin, qui était en l'air, à carguer la grande
voile, fut projeté au moins à trois lieues du bâtiment ; mais il fut miraculeusement sauvé en
saisissant la queue d'un grand goéland, qui le prit
sur son dos et le rapporta à l'endroit même d'où
il avait été projeté. Une autre preuve de la violence du choc, ce fut la force avec laquelle les
passagers de l'entrepont furent jetés contre le
plancher au-dessus d'eux ; ma tête particulière-

ment me rentra dans l'estomac, où elle demeura quelques mois avant de reprendre sa situation normale. Pendant que nous étions tous dans un état extraordinaire et qu'il régnait à bord une confusion générale et inaccoutumée, le choc fut soudainement expliqué par l'apparition d'une énorme baleine qui était venue se chauffer et dormir à seize pieds de la surface de l'eau. Cet animal était rendu furieux par le dérangement que notre bâtiment lui avait occasionné, car à notre passage le gouvernail lui avait égratigné le nez, et il donnait des coups de queue dans la galerie et dans toute la partie du gaillard d'arrière, et, dans le même instant, il saisit entre ses dents l'ancre de notre navire qui était, selon la coutume, suspendue à la proue, et courut en nous entraînant au moins pendant soixante lieues avec une vitesse de douze lieues à l'heure, quand, par bonheur, le câble se rompit; nous perdîmes en même temps la baleine et notre ancre. Cependant, à notre retour en Europe, quelques mois après, nous trouvâmes la

même baleine à quelques lieues du même endroit, flottant morte sur l'eau ; elle mesurait plus
d'un demi-mille de longueur. Comme il ne nous
était possible de prendre à bord qu'une petite
partie de cet énorme animal, nous mîmes nos
chaloupes à la mer, et avec de grandes difficultés, nous lui coupâmes la tête, et à notre grande
joie, nous retrouvâmes l'ancre et plus de quarante toises de câble qu'il avait placés du côté
gauche de sa bouche, juste sous la langue.
(C'est peut-être là la cause de sa mort, car ce
côté de sa langue était enflé et considérablement enflammé.) Ce fut la seule circonstance
extraordinaire de ce voyage. J'allais cependant
oublier une partie de notre malheur : pendant
que la baleine courait en entraînant notre bâtiment, ses mouvements de queue produisirent
une voie d'eau si large que toutes nos pompes
ne nous auraient pas préservés d'un naufrage.
Ce fut cependant ma bonne fortune qui me fit la
découvrir le premier. Je trouvai une large ouverture d'environ un pied de diamètre ; vous sup-

poserez naturellement que cette circonstance
me procura un vif plaisir, quand vous saurez
que notre beau vaisseau, avec toute sa cargai-
son, fut sauvé, grâce à une pensée géniale que
je mis immédiatement à exécution ; en un mot,
je m'assis sur l'ouverture, et j'aurais pu en couvrir une bien plus large : vous ne serez pas
surpris quand je vous apprendrai que je descends de parents hollandais. (Les ancêtres du
baron n'y ont été que depuis peu établis ; dans
une autre partie de ses aventures, il se vante
d'être de sang royal.)

Ma situation, pendant que j'étais là, était un
peu froide ; mais l'art du charpentier me délivra
bientôt.

CHAPITRE VIII.

Le baron se baigne dans la Méditerranée. — Il rencontre un compagnon inattendu. — Il arrive malgré lui dans des régions chaudes et obscures, d'où il est tiré en exécutant une gigue. — Il effraie ses sauveurs et retourne à terre.

Je fus un jour en grand danger d'être perdu de la manière la plus singulière dans la Méditerranée ; je me baignais dans cette belle mer près de Marseille, une après-midi d'été, quand je vis un énorme poisson se dirigeant sur moi, la gueule béante, avec une extrême rapidité. Il n'y avait pas de temps à perdre, et il ne m'était pas possible de l'éviter. Immédiatement je me fais le plus petit possible, serrant mes pieds et collant mes mains sur mes côtés ; dans cette position je passai sans encombre entre ses mâchoires et arrivai dans son estomac où je restai quelque temps dans une obscurité complète, mais dans une chaleur assez confortable, comme

vous pouvez le supposer ; à la fin il me vint à
l'idée qu'en lui faisant du mal, il ne serait pas
fâché de me rejeter dehors. Comme je disposais
d'un grand espace, je commençai à faire des fo-
lies, me roulant, dansant à cloche-pied, courant,
sautant, etc., mais rien ne paraissait lui causer
plus de douleur que le choc de mes pieds quand
j'exécutai une gigue ; aussitôt après que j'eus
commencé, il se mit à me secouer par des envies
et des tressaillements ; je persévérai ; à la fin
il souffrit horriblement et se dressa perpendiculairement dans l'eau, laissant voir sa tête et
ses épaules ; il fut découvert par l'équipage à
bord d'un navire de commerce italien, qui navi-
guait dans ces parages ; mon poisson fut har-
ponné en quelques minutes. Aussitôt qu'il fut
hissé à bord, j'entendis l'équipage se demander
de quelle façon il fallait le découper pour en retirer le plus possible de l'huile qu'il devait ren-
fermer. Comme je ne comprenais pas l'italien,
je n'étais pas sans avoir de terribles appréhensions sur les moyens qu'ils allaient employer,

moyens qui pouvaient m'être funestes ; alors, je
me blottis aussi près que possible du centre,

Un énorme poisson se dirigeait vers moi...

car il y avait bien de la place pour une douzaine
d'hommes dans l'estomac de cette créature, et

j'ignorais de quel côté on allait commencer l'o-
pération; cependant mes craintes ne tardèrent
pas à être dissipées, car les matelots commencèrent par lui ouvrir le bas du ventre. Dès que
j'aperçus un rayon de lumière, j'appelai au secours afin d'être tiré d'une situation où je n'aurais pas tardé à être suffoqué. Il m'est impossible de vous rendre le degré et la grandeur de
l'étonnement qui se traduisit dans la contenance
des matelots en entendant une voix humaine
sortir du poisson, et surtout en voyant un homme
en costume de baigneur sortir debout, de son
corps; en quelques mots, messieurs, je les mis
au courant de mon histoire, ainsi que je fais avec
vous, pendant que la surprise les tenait silencieux.

Après avoir pris quelques rafraîchissements
et sauté dans la mer pour me rendre propre,
je me dirigeai en nageant vers l'endroit où j'a-
vais laissé mes habits en quittant la terre. Selon
mes calculs, et à peu de chose près, j'étais resté
près de quatre heures et demie renfermé dans
le corps de cet animal.

CHAPITRE IX.

J'étais alors au service des Turcs et je pre-
nais souvent plaisir à me promener en barque
sur la mer de Marmara, d'où l'on a une vue superbe de tout Constantinople, y compris le
sérail du Grand Seigneur. Un matin, j'étais
occupé à admirer la beauté et la sérénité du ciel;
j'aperçus dans l'air un corps en forme de globe
qui me fit l'effet d'un corps rond de douze pouces
de diamètre, avec quelque chose suspendu au-
dessous. Immédiatement je saisis mon fusil du
plus fort calibre, qui ne me quitte jamais ni dans
mes voyages ni dans mes excursions, si je puis
ainsi m'exprimer ; je le chargeai d'une balle, et

lis feu contre le globe, mais sans résultat à
cause de la grande distance. Je mis alors une
double charge de poudre et cinq ou six balles ;
cette seconde décharge eut plus de succès ;
toutes les balles portèrent ; un côté fut ouvert
et le ballon tomba. Jugez de ma surprise en
voyant un élégant char doré, avec un homme
dedans, et un quartier de mouton qui paraissait avoir été rôti, tomber à environ deux mètres
de moi ; quand mon étonnement fut calmé, ce
qui ne dura que quelques instants, j'ordonnai à
mes hommes de ramer près de cet étrange
voyageur aérien.

Je le recueillis à bord de mon canot. C'était
un Français ; il était très contrarié de sa chute
involontaire dans la mer et incapable de parler ;
après quelque temps cependant, il se remit et
me fit le récit suivant : « Depuis environ sept ou
huit jours, je ne puis le dire exactement, car j'ai
perdu la notion du temps, ayant été le plus souvent où le soleil ne luit pas, je suis monté de
l'extrémité de la Terre de Cornouailles, dans

l'île de la Grande-Bretagne, dans le petit char
que vous venez de recueillir, suspendu sous un
grand ballon, et je pris un mouton avec moi,
pour faire sur lui des expériences atmosphéri-
ques. Malheureusement le vent changea, pas
plus de dix minutes après mon départ, et au
lieu de me diriger vers Exeter, où j'avais l'intention d'atterrir, je fus poussé vers la mer, sur
laquelle je suppose avoir plané depuis, car
j'étais à une hauteur telle que je ne pouvais
distinguer.

« Les appels de la faim furent si pressants
que les expériences projetées sur la chaleur et
la respiration ne purent se faire. Je fus obligé,
le troisième jour, de tuer le mouton pour me
nourrir ; j'étais, à ce moment, bien loin au-dessus de la lune, et plus de seize heures après
si proche du soleil qu'il roussissait mes sour-
cils ; je plaçai alors le mouton, après l'avoir
préalablement écorché, dans la partie de ma
nacelle où le soleil donnait toute sa force,
en d'autres termes, où le ballon ne cachait pas

le soleil : de cette façon il fut rôti au bout de deux heures. Il m'a depuis servi de nourriture. »

A cet endroit de son récit, il s'arrêta, paraissant ne pas connaître tout ce qui nous environnait. Quand je lui dis que les bâtiments en face de nous étaient le sérail du Grand Seigneur, il parut étrangement surpris, car il m'avait cru dans une tout autre situation. « La cause, ajouta-t-il, de mon long séjour dans l'air est due à l'absence d'une ficelle qui devait être fixée à la soupape du ballon, pour permettre de laisser échapper le gaz inflammable, et s'il n'avait pas été troué par des balles, et déchiré comme je l'ai dit, je pouvais, comme Mahomet, planer entre le ciel et la terre jusqu'au jugement dernier. »

Le Grand Seigneur, près de qui je fus introduit par les ambassadeurs impériaux, russe et français, me confia, au Grand Caire, la négociation d'une affaire de grande importance et qui était d'une nature telle que je dois toujours en garder le secret.

Je me rendis au Caire, en grand apparat, par
voie de terre. Quand j'eus terminé mes affaires,
je congédiai presque toute ma suite et je revins
comme un voyageur ordinaire ; le temps était
délicieux et ce fameux Nil était superbe au
delà de toute description, de telle sorte que je
me décidai à fréter un canot pour descendre
par eau à Alexandrie. Le troisième jour de mon
voyage, la rivière commença à se gonfler d'une
manière surprenante (vous avez entendu parler, je suppose, des débordements annuels du
Nil), et le lendemain elle s'étendait sur tout le
pays, à plusieurs lieues de chaque côté. Le
cinquième, au soleil levant, mon canot se trouva
embarrassé avec ce que je pris d'abord pour
des arbustes ; mais la lumière, devenue plus
forte, me permit de reconnaitre que j'étais en-
vironné d'amandes, qui étaient parfaitement
mûres et d'une qualité tout à fait supérieure.
En sondant avec une corde, mes hommes trouvèrent que nous étions au moins à soixante
pieds de la terre, incapables d'avancer et de

reculer. Au bout de huit ou neuf heures, autant
que je pus en juger par la hauteur du soleil, le
vent se leva soudainement et pencha mon cànot
sur le côté, puis il se remplit d'eau, et je ne le
vis plus pour quelque temps. Heureusement
nous fûmes ... us sauvés (six hommes et deux
enfants) en nous retenant à l'arbre, les branches
étant assez fortes pour nous supporter, quoique
trop faibles pour notre embarcation; nous restâmes da· s cette situation six semaines et trois
jours, vivant d'amandes; je manquais de ren-
seignements sur l'abondance de l'eau. Le
quarante-deuxième jour de notre détresse, l'eau
baissa aussi rapidement qu'elle était montée,
et le quarante-sixième nous pûmes nous aventurer sur la terre ferme. Notre embarcation fut
la première chose agréable qui nous tomba
sous les yeux, à environ deux cents mètres de
l'endroit où elle avait sombré. Après avoir fait
sécher au soleil tout ce qui pouvait nous être
utile, et nous être chargés de ce qui nous était
nécessaire des réserves du bord, nous nous

mîmes en route pour regagner le terrain perdu,
et nous trouvâmes, d'après l'appréciation la
plus approximative, que nous avions été trans-
portés au-dessus de jardins entourés de murs
et d'une quantité d'enclos, à environ cent cinquante milles. En quatre jours, après un fati-
gant voyage à pied, avec des souliers minces,
nous atteignimes le fleuve, qui était maintenant
rentré dans son lit; nous racontâmes nos aventures à un garçon, qui obligeamment nous procura tout ce qui nous était indispensable et nous
conduisit dans sa propre barque. En six jours
nous arrivâmes à Alexandrie, où nous nous
embarquâmes pour Constantinople. Je fus reçu
avec des démonstrations de joie par le Grand
Seigneur qui me fit les honneurs du sérail dans
lequel Son Altesse me conduisit elle-même.

CHAPITRE X.

Pendant le dernier siège de Gibraltar, j'allai
avec une flotte, sous le commandement de lord
Rodney, voir mon vieil ami le général Elliot, qui
a, par sa courageuse défense de cette place,
conquis des lauriers qui ne peuvent plus jamais
être flétris. Lorsque fut calmée la joie bien
légitime qui accompagne généralement la
rencontre de deux vieux amis, j'allai examiner
l'état de la garnison, et voir les opérations des
ennemis : pendant cette visite, le général m'ac-
compagna. J'avais emporté avec moi de Londres
un excellent télescope, acheté chez Dollond, à
l'aide duquel je pus découvrir que les ennemis

se disposaient à décharger un canon de trente-six sur le point où nous nous trouvions. J'en informai le général; il regarda aussi avec le télescope et trouva que mes conjectures étaient fondées. Immédiatement, avec sa permission, j'ordonnai d'amener un canon de quarante-huit de la batterie voisine et le plaçai avec une telle exactitude (ayant longuement étudié l'art de l'artillerie) que j'étais certain de mon but.

Je continuai à surveiller les ennemis jusqu'au moment où je vis la mèche placée à la lumière de leur pièce; à ce moment précis, j'ordonnai une décharge de notre canon.

A peu près à mi-chemin entre les deux pièces de canon, les projectiles se rencontrèrent avec une force étonnante, et l'effet fut merveilleux. Le boulet ennemi recula avec une telle violence qu'il tua l'homme qui avait déchargé la pièce, en lui enlevant complètement la tête, avec seize autres qu'il projeta avec ses éclats sur la côte de Barbarie, où sa force, après avoir traversé trois mâts de vaisseaux qui stationnaient en

ligne l'un derrière l'autre dans le port, était si
peu amortie, que non seulement il projeta le toit
de la hutte d'un pauvre laboureur, à deux cents
mètres dans l'intérieur des terres, mais encore
détruisit l'unique dent conservée par une vieille
femme qui s'était endormie sur le dos la bouche
ouverte. Le projectile se logea dans son gosier.
Son mari, aussitôt après son retour chez elle,
essaya de l'extraire; mais, trouvant la chose
impraticable, il s'aida d'une baguette et le força
de descendre dans son estomac. Notre boulet
nous avait donc servi à souhait, car non seulement il avait renvoyé l'autre, comme je viens
de le décrire, mais encore il arriva à desti-
nation comme je l'avais souhaité, démonta la
pièce de canon qui venait d'être tirée contre
nous, et la renversa à fond de cale du navire, où
elle tomba avec une telle force qu'elle se fit un
passage à travers le fond. Le vaisseau se pencha immédiatement et sombra, avec environ
mille marins espagnols à son bord, et un nombre
plus considérable peut-être de soldats. Ceci,

4°

à coup sûr, était un exploit des plus extraordinaires; je ne voudrais pas cependant prendre
pour moi seul le mérite tout entier; mon conseil fut le principal agent du succès, mais la
chance me vint un peu en aide; car je découvris
après que l'homme qui avait chargé notre pièce
de quarante-huit avait par mégarde mis une
double charge de poudre; autrement nous n'au-
rions pas enregistré un succès au-dessus de
toute attente, notamment en refoulant le boulet
ennemi.

Le général Elliot m'aurait donné une commission pour ce signalé service; mais je déclinai
ses offres et n'acceptai que les remerciments
qu'il m'adressa à une table autour de laquelle
il avait réuni ses officiers à souper, le soir de
ce jour mémorable.

Comme je suis admirateur des Anglais, qui
sont, sans conteste, très braves, je ne voulus pas
prendre congé d'eux sans leur avoir rendu un
autre service, et au bout de trois semaines une
occasion favorable se présenta. Je m'habillai en

prêtre papiste, et vers une heure du matin, je
sortis furtivement de la place, passai dans
les lignes ennemies, et j'arrivai au milieu de
leur camp; j'entrai dans la tente où le prince
d'Artois se trouvait avec le commandant en
chef, et plusieurs autres officiers, en grand
conseil, concertant un plan pour surprendre
la garnison le lendemain matin. Mon dégui-
sement me sauva; ils m'accueillirent et me
permirent de rester là, apprenant tout ce qui
se passait jusqu'au moment où ils allèrent se
coucher. Quand je vis tout le camp, et même
les sentinelles plongés dans les bras de Morphée,
je commençai ma besogne qui était de démonter
tous leurs canons (environ trois cents pièces)
de quarante-huit et de trente-quatre, et de les
jeter à trois lieues dans la mer. N'ayant aucune
assistance, je trouvai cette tâche une des plus
hardies que j'aie jamais entreprises, à l'exception de celle qui consista à remonter le courant
avec la fameuse pièce maîtresse turque, décrite
par le baron de Tott dans ses mémoires, dont

il sera fait mention ci-après. J'empilai d'abord
tous les affûts au centre du camp, et pour
empêcher le bruit des roues d'être entendu, je
les portais par paires sur mes bras; le tout

J'empilai les affûts.

avait une belle apparence et formait une masse
aussi élevée à peu près que le rocher de Gibraltar.
J'allumai alors une mèche, en frappant un silex
à trente pieds de haut (dans un vieux mur bâti
par les Maures quand ils envahirent l'Espagne)
avec un éclat d'un canon d'acier de cent vingt,

et mis le feu à toute la pile. J'oubliais de vous dire que j'avais placé tout le stock de leurs munitions sur le sommet.

Avant d'appliquer la mèche enflammée, j'avais entouré le bas de la pile de matières combustibles, et cela, si judicieusement, que le tout fut embrasé en un instant. Pour prévenir tout soupçon, je fus un des premiers à exprimer ma surprise. Le camp tout entier, comme vous pouvez l'imaginer, fut pétrifié d'étonnement ; la conclusion générale fut que leurs sentinelles avaient été séduites et que sept ou huit régiments avaient été employés à cette épouvantable destruction de leur artillerie. M. Drinkwater, dans sa narration de ce siège fameux, dit bien que l'ennemi subit une grande perte par un incendie qui éclata dans son camp ; mais il n'en connut jamais la cause : comment l'aurait-il connue ? Jamais je ne l'ai divulguée avant ce jour (quoique j'eusse seul sauvé Gibraltar par ce que j'ai fait dans cette nuit), ni même au général Elliot. Le comte d'Artois et toute sa

suite se sauvèrent de frayeur et ne s'arrêtèrent
qu'à Paris où ils entrèrent une nuit. Cette terrible conflagration fit un tel effet sur eux qu'ils
furent incapables de prendre le moindre rafraîchissement avant trois mois; comme le camé-
léon, ils vécurent de l'air.

Si quelqu'un d'entre vous élevait un doute
sur la vérité de cette histoire, je *lui paierai l'a-
mende* d'un gallon d'eau-de-vie et le lui ferai
boire d'un seul trait.

Environ deux mois après avoir fait lever le
siège, un matin, comme j'étais à déjeuner en
compagnie du général Elliot, une bombe (car je
n'avais pas eu le temps de détruire leurs mor-
tiers comme j'avais fait de leurs canons) entra
dans l'appartement où nous étions assis, et
tomba sur notre table. Le général, comme la
plupart des hommes l'auraient fait, quitta immédiatement la chambre; moi, je pris la bombe
avant qu'elle n'éclatât, et je la portai au sommet
du rocher, puis, regardant le camp ennemi, sur
une éminence près de la côte, je découvris un

Une bombe tomba sur notre table.

nombre considérable de soldats ; mais je ne pus, avec mes yeux seuls, découvrir ce qu'ils avaient l'intention de faire. J'eus recours à mon téléscope et je vis alors que deux de nos officiers, un général et un colonel, avec qui j'avais passé la nuit précédente, et qui étaient allés vers minuit dans le camp ennemi pour espionner, étaient pris, et qu'ils allaient être exécutés. Je trouvai la distance trop grande pour lancer la bombe avec la main ; mais, le plus heureusement du monde, je me rappelai que j'avais dans ma poche une fronde comme celle dont se servit David combattant contre Goliath. Je plaçai la bombe dans la fronde et immédiatement je la lançai au milieu du groupe ; elle éclata en tombant, et détruisit tous ceux qui étaient présents, excepté les deux condamnés qui furent sauvés par leur position élevée, car ils venaient d'être pendus. Toutefois, un des éclats de la bombe fut lancé avec une telle force contre le pied du gibet, qu'il fut abattu sur-le-champ. Nos deux amis ne furent pas plus tôt sur la terre ferme qu'ils regardèrent

autour d'eux pour découvrir la cause de ce qui
leur arrivait, et, trouvant que leurs gardiens,
leur exécuteur et tous étaient morts, ils s'em-
pressèrent de se débarrasser réciproquement de
leurs disgracieuses cordes et coururent au rivage, s'emparèrent d'un bateau espagnol avec
deux hommes et firent force de rames jusqu'à
nos navires où ils furent mis en sûreté. Quelques minutes après, quand je racontais au général Elliot comment j'avais opéré, ils nous prirent tous deux par la main, et après de mutuelles
congratulations, nous nous retirâmes pour
passer le reste du jour en fêtes.

CHAPITRE XI.

Vous désirez (je le vois par votre contenance)
savoir comment je devins possesseur d'un trésor comme la fronde que je viens de mentionner.
Ici les faits peuvent être tenus comme sacrés.)
Voici comment cela se fit: je suis un descendant de la femme d'Uri, qui, nous le savons
tous, était intime avec David ; elle eut plusieurs
enfants de Sa Majesté, avec qui elle se querella
un jour sur un sujet de première importance, à
savoir sur l'endroit où avait été construite l'arche
de Noé, et où elle avait atterri après le dé-
luge. Une séparation en fut la conséquence. Elle
lui avait souvent entendu parler de cette fronde

comme d'un trésor inestimable. Elle le déroba
la nuit de leur séparation ; j'ai oublié de vous
dire qu'elle sortit de ses domaines et qu'elle
fut poursuivie par six au moins des gardes
du corps du roi ; cependant, pour l'employer
elle-même, elle frappa le premier de ses pour-
suivants (car l'un d'eux était plus ardent que les
autres à la poursuite) comme David fit de Goliath, et le tua à cet endroit. Les compagnons
de cet infortuné garde rebroussèrent chemin et
laissèrent la femme d'Uri poursuivre son voyage.
Elle avait avec elle, j'aurais dû vous le dire auparavant, son fils favori, à qui elle légua la
fronde ; et c'est ainsi que, sans interruption, elle
passa de père en fils jusqu'en ma possession.
Un de ses possesseurs, mon grand grand grand
grand-père, qui vivait il y a deux cent cinquante
ans, en visitant l'Angleterre, devint intime avec
un poète qui fut un grand destructeur de fauves ;
je pense que c'était Shakespeare ; il empruntait
souvent la fronde, et avec elle tuait tant de ve-
naison dans les propriétés de sir Thomas Lucy

qu'il échappait difficilement au sort de mes deux
amis de Gibraltar. Le pauvre Shakespeare fut
emprisonné, et mon ancêtre obtint sa mise en
liberté d'une manière très singulière. La reine
Elisabeth était alors sur le trône, mais gouver-
nait si indolemment, que les plus simples affaires
étaient pour elle une cause d'ennui. S'habiller, se
déshabiller, manger, boire et quelques autres
opérations que je ne nommerai pas, étaient l'oc-
cupation de toute sa vie ; toutes ces choses, il la
rendit capable de les faire sans ou par un dé-
puté ! Et quelle récompense pensez-vous qu'elle
put seulement lui faire accepter pour de si émi-
nents services ?

Mettre Shakespeare en liberté ! Telle était
son affection pour le grand écrivain qu'il aurait
abrégé ses propres jours pour augmenter le
nombre de ceux de son ami.

Je n'ai pas appris que les sujets de la reine,
particulièrement les mangeurs de bœuf, comme
ils sont vulgairement appelés maintenant, quoiqu'ils fussent frappés de la nouveauté de la

chose dans son temps, l'aient beaucoup ap-
prouvée de vivre totalement sans nourriture.
Elle-même ne survécut pas à cette pratique au
delà de sept ans et demi.

Mon père, qui fut avant moi le possesseur
immédiat de la fronde, me raconta l'anecdote
suivante :

« Il se promenait sur le rivage de la mer à
Harwich, avec cette fronde dans sa poche ; avant
que ses pas eussent parcouru un mille, il fut
attaqué par un animal féroce, appelé cheval
marin, qui, la gueule béante, se dirigeait sur lui
avec une grande fureur ; il hésita un moment,
puis, tirant sa fronde, il recula de deux cents
mètres en arrière, se baissa pour ramasser deux
des cailloux qui se trouvaient en grand nombre
sous ses pieds, et, au moyen de sa fronde, il
lança ses deux pierres avec tant d'adresse que
chacune d'elles atteignit un œil et se logea dans
la cavité que sa chute avait occasionnée. Il
monta alors sur son dos, et s'avança dans la
mer ; car, du moment qu'il avait perdu la vue, il

Il monta alors sur son dos et s'avança dans la mer.

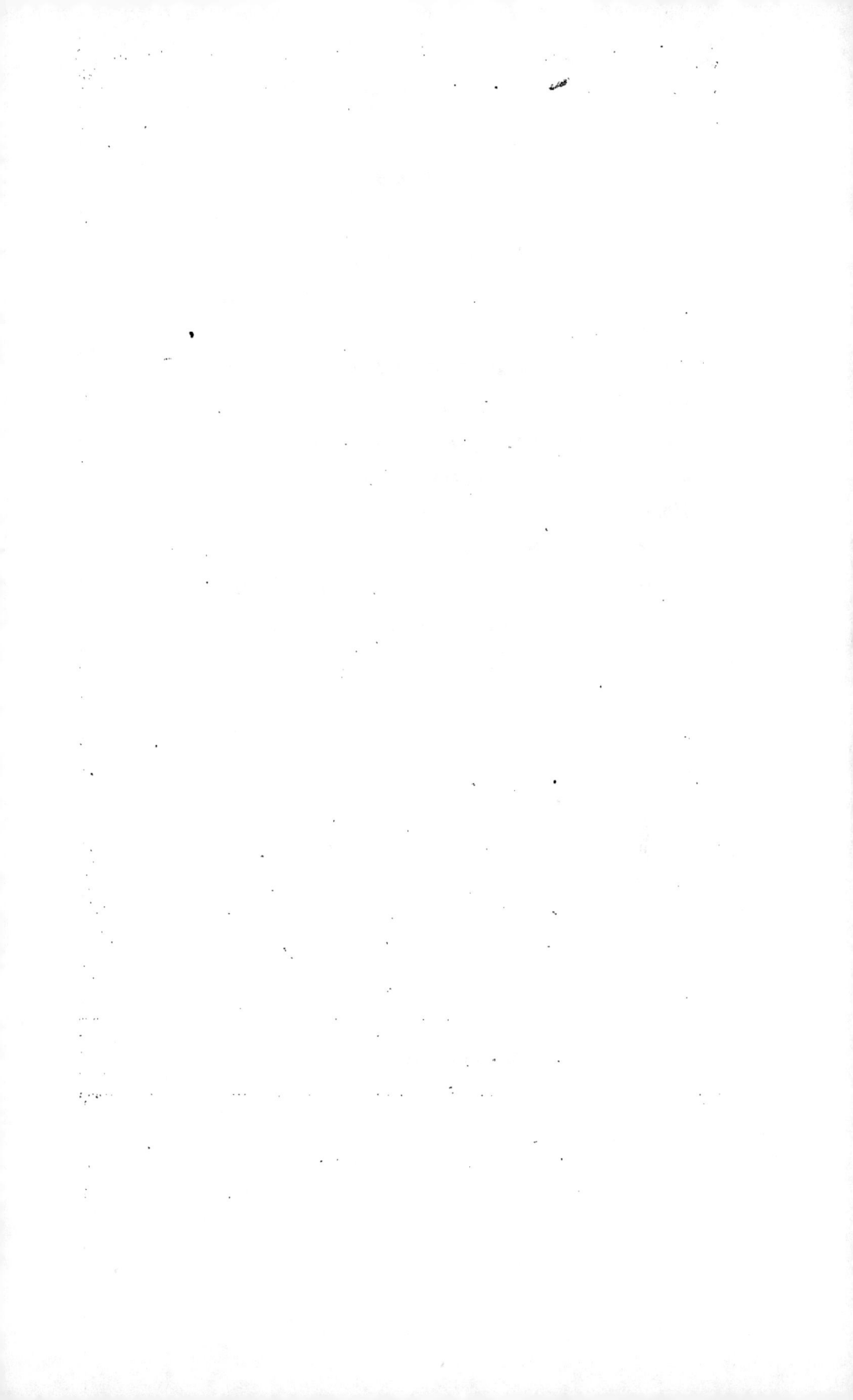

avait perdu sa férocité ; il devint aussi appri-
voisé que possible ; la fronde fut placée comme
une bride dans sa bouche ; il était guidé avec la
plus grande facilité à travers l'océan, et en
moins de trois heures ils arrivèrent l'un et l'autre
sur le rivage opposé, lequel est au moins à
trente lieues. Le maître des *Trois-Coupes*, à
Helvoetsluys, en Hollande, acheta le cheval
marin, pour en faire l'exhibition, pour sept cents
ducats, somme supérieure à trois cents livres,
et le lendemain mon père paya son passage sur
un paquebot pour Harwick »

Mon père fit pendant ce voyage plusieurs
observations curieuses que je vous raconterai
ci-après.

CHAPITRE XII.

Une fredaine ; ses conséquences. — Château de Windsor.
— Le collège des médecins de Saint-Paul. — Sacristains, croques-morts, etc... presque ruinés. — Industrie
des apothicaires.

Cette fameuse fronde rend son propriétaire
capable des choses les plus difficiles et de
toutes les tâches qu'il peut désirer accomplir.

Je construisis un ballon d'une capacité si
grande que la quantité de soie employée dépasse
tout ce qu'il est possible de croire. Tout le stock
des merciers et des tisseurs de Londres,
Westminster et Spitalfields contribuèrent à le
façonner ; avec ce ballon et ma fronde je me
jouais des plus grandes difficultés, comme de
prendre une maison dans un endroit et de la
transporter dans une autre station, sans troubler les habitants, qui généralement sont endormis ou trop occupés pour s'apercevoir des
pérégrinations de leur habitation. Quand la sen-
tinelle du château de Windsor entendit l'horloge

de Saint-Paul sonner treize coups, c'est moi
qui lui jouai ce tour ; je portai les bâtiments
près l'un de l'autre cette nuit en plaçant le
château dans les champ de Saint-Georges et
les remis en place avant le jour, sans déranger
aucun des habitants ; nonobstant ces exploits,
j'aurais gardé comme un secret mon ballon et
ses propriétés, si Montgolfier n'avait pas mis
son art dans le domaine public.

Le 30 septembre, pendant que le collège
des médecins choisissait son bureau annuel et
dînait somptueusement, je penchai mon ballon
sur le dôme de leur bâtiment et entourai de ma
fronde la boule dorée du sommet en maintenant
l'autre bout dans mon ballon, et immédiatement
je m'élevai avec le collège entier à une immense
hauteur, où je le tins suspendu pendant trois
mois. Vous allez naturellement vous demander
comment les médecins purent se nourrir pendant
un laps de temps aussi long ? A cela je répon-
drai : Quand je les aurais gardés suspendus
pendant deux fois ce temps, ils n'auraient trouvé

Immédiatement je saisis ma carabine.

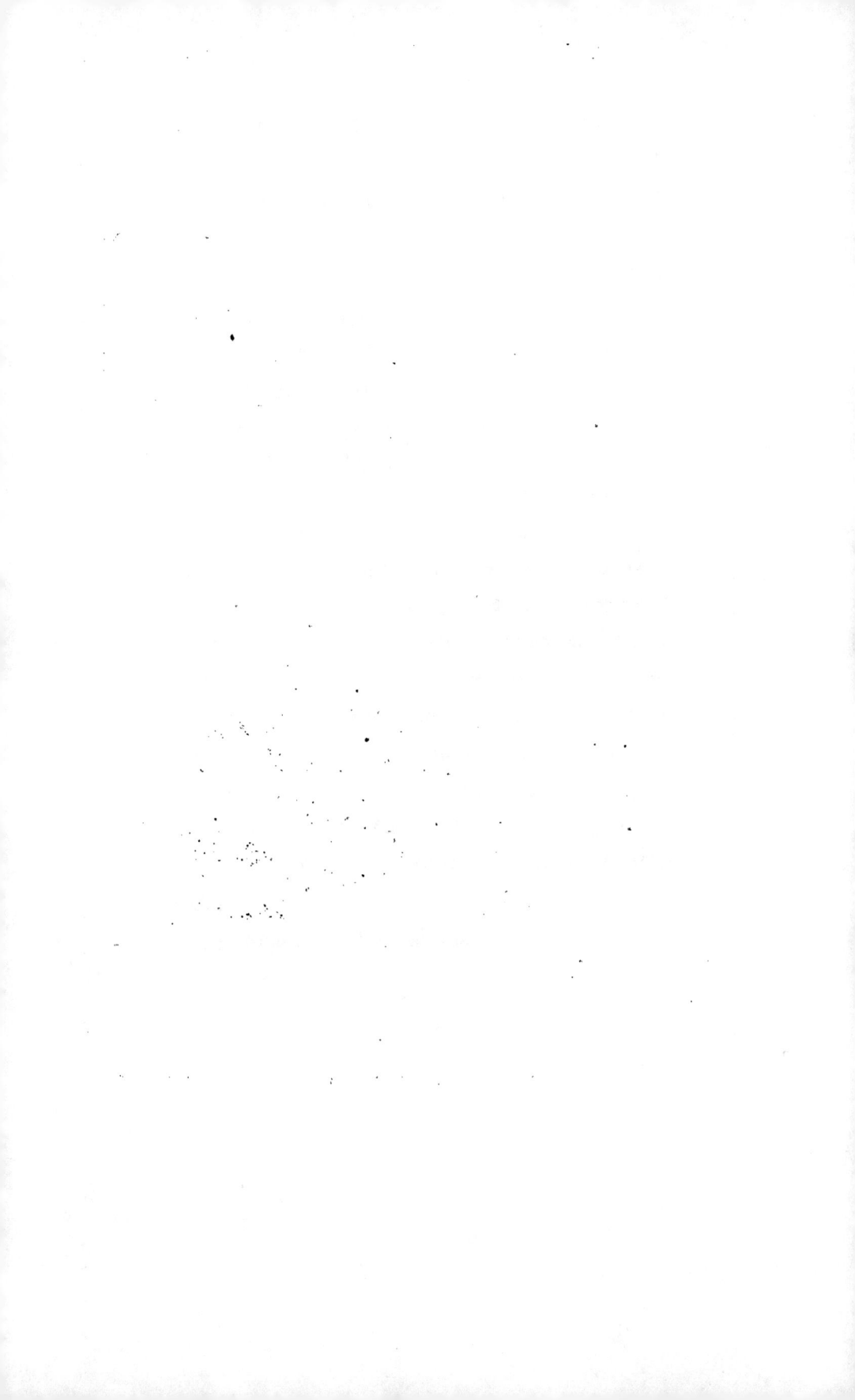

nul inconvénient à ce sujet, tellement leur table
était garnie d'une façon abondante, ou plutôt
extravagante.

Bien que tout cela ne fût qu'une innocente
fredaine, elle causa cependant des inconvénients
assez graves à plusieurs fonctionnaires qui vivent près du clergé : sacristains, croque-morts
et fossoyeurs; il faut reconnaître qu'ils furent
victimes, car c'est un fait bien connu que pendant les trois mois que le collège des médecins
passa dans les airs, il leur fut impossible de voir
leurs malades, et il n'arriva dès lors aucun dé-
cès, à l'exception de quelques-uns qui tombèrent sous la faux du Père Temps, et plusieurs
autres mélancoliques, qui, pour éviter quelques
légers inconvénients, se firent violence de leurs
propres mains et dans un moment de désespoir
se plongèrent dans une misère infiniment plus
grande que celle qu'ils espéraient éviter.

Si les apothicaires n'avaient pas été si actifs
pendant cette période, la moitié des employés
des pompes funèbres auraient été ruinés.

CHAPITRE XIII.

Le baron voyage avec le capitaine Phipps; il attaque deux
ours énormes et s'esquive miraculeusement. — Il gagne
la confiance de ces animaux et en détruit mille; il charge
le bâtiment avec leurs jambons et leurs peaux; il fait
présent des premiers et obtient une invitation générale à
toutes les fêtes de la Cité.—Une dispute entre le capitaine
et le baron, dans laquelle, par raison de politesse, le capitaine s'incline devant un lord. — Le baron décline l'honneur du trône et une impératrice par-dessus le marché.

Nous nous rappelons tous le dernier voyage
de découverte au pôle nord du capitaine Phipps
(actuellement lord Mulgrave). J'accompagnai le
capitaine, non comme officier, mais en ami, en
amateur. Quand nous arrivâmes dans les hautes
régions septentrionales, j'examinai les objets
dans le champ qui nous environnait au moyen
du télescope dont j'ai déjà parlé en racontant
mes aventures de Gibraltar. Je crus voir deux
énormes ours blancs qui paraissaient se battre
sur un bloc de glace considérable s'élevant

5*

plus haut que les mâts, à une demi-lieue de distance. Immédiatement je saisis ma carabine, je mets ma fronde sur mon épaule et je fais l'ascension du bloc de glace. Quand j'arrivai au sommet, les aspérités de la surface qui m'avaient permis d'approcher de ces animaux sans les troubler, rendaient maintenant ma situation périlleuse au delà de toute expression ; parfois de hideux précipices s'ouvraient devant, et j'étais obligé de les franchir ; dans d'autres endroits, la surface était aussi polie qu'un miroir, et je tombais souvent. Comme j'approchais assez près des ours, je trouvai qu'ils s'amusaient seulement. Immédiatement je commence à calculer la valeur de leurs peaux, car tous deux étaient aussi gros que deux bœufs de forte taille ; malheureusement, au même moment où je visais, mon pied droit glissa et je tombai sur le dos ; la violence du choc me priva complètement de mes sens pendant près d'une demi-heure.

Cependant, quand je revins à moi, jugez de ma surprise en trouvant un de ces grands animaux

dont je viens de parler, qui, après m'avoir mis
sur le ventre, venait de me saisir par la ceinture de mon pantalon, qui était neuf et en cuir ;
il allait me porter les pieds en avant, Dieu sait
où, quand je sortis mon couteau (montrant un
grand couteau pliant) de ma poche, et fis une
incision à un de ses pieds de derrière et lui fis
l'ablation de trois orteils ; immédiatement il me
lâcha et se mit à rugir horriblement. Je saisis
ma carabine et fis feu sur lui comme il se sau-
vait ; il tomba immédiatement. Le bruit de la
détonation fit surgir plusieurs mille de ces ours
blancs, qui étaient endormis sur la glace, dans
un rayon d'un demi-mille autour de moi ; ils
accoururent incontinent près de moi. Il n'y avait
pas de temps à perdre. Une idée lumineuse me
vint heureusement à l'esprit. J'enlevai la peau
et la tête de l'ours mort en moins de temps qu'il
n'en faut à un homme pour écorcher un lapin,
et je m'en affublai, plaçant ma tête exactement
sous celle de l'ours Martin ; le troupeau entier
vint tourner autour de moi, et mes craintes me

mettaient dans la plus piteuse des situations ;
cependant le hasard me servit à souhait et me
procura l'occasion de me ménager une retraite
des plus admirables. Ils vinrent tous me flairer
et évidemment me prirent pour un frère ours ;
il ne me manquait plus que la grosseur pour
faire une bonne contrefaçon d'ours ; cependant,
j'en vis plusieurs petits parmi eux qui n'étaient
pas plus grands que moi. Après qu'ils m'eurent
tous flairé, ainsi que le corps de leur compagnon décédé, dont la peau était maintenant ma
sauvegarde, nous étions devenus très sociables,
et je pouvais mimer toutes leurs actions d'une
manière assez tolérable ; mais pour grogner,
rugir et s'étreindre, ils étaient tout à fait mes
maîtres. Je commençais maintenant à penser
comment je pourrais m'y prendre pour tourner
à mon avantage la confiance générale qu'ils me
témoignaient.

J'avais entendu dire par un vieux chirurgien
de l'armée qu'une piqûre dans la moelle épinière
amenait instantanément la mort. Je me déter-

minai à essayer de ce moyen, et j'eus de nouveau recours à mon couteau que j'enfonçai le
plus profondément possible dans le bas du cou
près des épaules, mais non sans une grande appréhension, ne doutant pas que l'animal, s'il
survivait à la blessure, ne me mît en pièces.
Toutefois, je fus remarquablement heureux, car
il tomba mort à mes pieds sans faire le moindre
bruit. J'étais maintenant résolu à les tuer tous
de la même manière, ce que je fis sans la moindre difficulté, car, bien qu'ils vissent leurs compagnons morts, ils n'eurent aucun soupçon ni
de la cause, ni de l'effet. Quand tous furent
étendus devant moi, je me considérai comme
un second Samson, ayant tué mille ennemis.

Pour faire suite à l'histoire, je revins au navire et j'empruntai les trois quarts de l'équipage
pour m'aider à écorcher les ours et à transporter leurs jambons à bord, ce que nous fîmes en
quelques heures. Quant aux autres parties des
animaux, elles furent jetées dans la mer, quoique,
convenablement préparées, je suis persuadé

qu'elles eussent été aussi friandes que les jambons.

Aussitôt après notre retour, j'envoyai des
jambons, au nom du capitaine, aux Lords de
l'Amirauté, d'autres aux Lords de la Trésorerie,
au Lord Maire et aux Corporations de Londres, à
quelques-unes des grandes compagnies commer-
çantes, sans oublier mes amis particuliers ; de
tous côtés je reçus les plus chauds remerciements ; mais de la Cité je fus honoré d'une manière toute spéciale, savoir : une invitation à
diner à l'Hôtel-de-Ville le jour de la fête du Lord
Maire.

Les peaux des ours, je les envoyai à l'impératrice de Russie, pour habiller Sa Majesté et
sa Cour en hiver ; pour cet envoi elle m'écrivit
de sa propre main une lettre de remerciements,
qu'elle m'envoya par un ambassadeur extraordinaire, m'invitant à partager les honneurs de
la couronne en m'offrant sa main. Mais comme
je ne fus jamais ambitieux de la dignité royale,
je déclinai, dans les termes les plus polis, les

faveurs de Sa Majesté. Le même ambassadeur avait ordre d'attendre et d'apporter personnellement ma réponse à Sa Majesté, ce qui lui occasionna une absence de trois mois. La réponse de Sa Majesté me convainquit de la force de son affection, et de l'élévation de ses sentiments ; sa dernière maladie est entièrement due (comme la bonne créature voulut bien l'exprimer elle-même dans une récente conversation avec le prince Dolgoroucki) à ma cruauté. Ce que le sexe voit en moi, je ne puis le concevoir, mais l'impératrice n'est pas la seule souveraine qui m'ait offert sa main.

Quelques hommes de l'équipage ont eu tort de raconter que le capitaine Phipps ne s'était pas avancé aussi loin qu'il aurait dû le faire dans cette expédition. C'est le moment pour moi de faire mon devoir en le justifiant. Notre bâtiment était convenable pour cette expédition jusqu'au moment où il reçut l'immense quantité de peaux et de jambons d'ours ; mais alors il eût été imprudent de s'aventurer plus avant, parce que nous étions à peine capables de combattre les courants, à plus forte raison de résister aux montagnes de glace que l'on rencontre dans ces hautes latitudes.

Le capitaine a souvent depuis manifesté son mécontentement de n'avoir pas partagé les honneurs de ce jour, qu'il appelait emphatiquement le *Jour des Peaux d'ours*. Il aurait été aussi très désireux de connaître au moyen de quel artifice j'avais mis à mort mille de ces animaux, sans fatigue ni danger pour moi; en un mot, il est si ambitieux de partager la gloire avec moi, que nous avons eu ensemble une querelle à ce sujet, et nous ne sommes plus en excellents termes. Il affirme hardiment que je n'ai aucun mérite d'avoir tué les ours, parce que j'étais couvert d'une de leurs peaux; de plus, il déclare qu'il n'y a pas, à son avis, en Europe, d'ours si naturellement complet que moi dans l'espèce humaine.

Il est devenu maintenant un noble pair, et je suis trop habitué aux bonnes manières pour disputer sur un point si délicat avec Sa Seigneurie.

CHAPITRE XIV.

Notre baron élève le baron Tott au-dessus de toute com-
paraison; cependant il ne réussit pas entièrement dans
cette entreprise. — Il tombe dans la disgrâce du Grand
Seigneur qui ordonne de lui couper la tête. — Il s'é-
chappe, et tombe à bord d'un vaisseau qui le conduit
à Venise.

Le baron de Tott, dans ses Mémoires, fait
grand étalage d'un acte qui me paraît fort simple, ainsi qu'à beaucoup de voyageurs dont la
vie entière a été employée à parcourir les diffé-
rentes parties du globe; pour ma part, si j'avais
été lancé d'Europe en Asie par la bouche d'un
canon, je me vanterais moins de ce qu'il fit
après en mettant le feu à une pièce de l'artillerie
turque. Voici ce qu'il dit de ce merveilleux
coup de feu, autant que ma mémoire peut me
le rappeler: « Les Turcs avaient placé au-dessous du château, et près de la cité, sur les bords
du Simoïs, une rivière célèbre, une énorme

pièce d'artillerie coulée en bronze, qui pouvait lancer un boulet de marbre du poids de onze cents livres. J'étais penché, dit Tott, pour faire feu, mais je fus désireux de juger de son effet; tous ceux qui m'entouraient se mirent à trembler à cette proposition, et ils affirmaient que non seulement le château, mais la cité aussi sauterait. A la fin, leurs craintes se dissipèrent et je fus autorisé à le décharger. Il ne fallait pas moins de trois cent trente livres en poids de poudre, et, comme je l'ai dit plus haut, un projectile pesant onze cents livres. Quand les artilleurs approchèrent la mèche, la foule qui nous entourait se retira le plus loin possible; de plus, ce fut avec la plus extrême difficulté que j'arrivai à persuader au Pacha, qui vint sur ces entrefaites, qu'il n'y avait aucun danger. L'artilleur qui avait mission de le décharger sous ma direction était considérablement alarmé; je pris place sur une maçonnerie derrière le canon, et donnai le signal; il se produisit un choc semblable à celui d'un tremblement de terre. A la distance de trois cents toises, le projectile se partagea en trois pièces qui traversèrent le détroit, rebondirent sur la montagne opposée, et couvrirent la surface de l'eau d'une couche d'écume qui obstruait toute la largeur du canal. »

Ceci, Messieurs, c'est, autant que je puis me le rappeler, le récit du baron de Tott sur le plus gros canon qui soit connu au monde. Maintenant, quand je connus, il n'y a pas longtemps de cela, le coup de feu de Tott, ce remarquable épisode était mentionné comme une preuve du courage extraordinaire de ce gentilhomme.

Un Français me détermina à mieux faire, et alors, prenant cette pièce d'artillerie sur mon épaule, et la balançant avec facilité, je sautai dans la mer avec elle et nageai vers le bord opposé, d'où j'eus la malencontreuse idée de la rejeter à sa place primitive. Je dis malencontreuse, car elle glissa un peu dans ma main au moment de la lancer, et en conséquence de cela, elle tomba dans le milieu du canal, où elle est maintenant, sans espoir de la retirer jamais.

Nonobstant la haute faveur dont je jouissais
près du Grand Seigneur, comme je l'ai déjà dit,
ce cruel Turc, aussitôt qu'il apprit la perte de
sa fameuse pièce d'artillerie, donna l'ordre de
me couper la tête. Je fus immédiatement avisé
par une dame de la cour auprès de qui j'étais
en grande faveur, et elle m'enferma secrètement
dans son appartement, pendant que l'officier
chargé de mon exécution était à ma poursuite.

La nuit venue, je m'échappai à bord d'un
vaisseau en partance pour Venise et qui levait
l'ancre pour effectuer ce voyage.

Cette dernière aventure, Messieurs, je ne
suis pas honteux de vous la narrer; je n'ai
pas réussi dans mon projet, et j'ai été sur le
point de perdre la vie par-dessus le marché;
cependant, comme elle ne contient aucune tache
pour mon honneur, je n'ai pas hésité à vous la
raconter.

CHAPITRE XV.

J'ai omis plusieurs parties principales du
voyage accompli par mon père, d'Angleterre en
Hollande, et pour ne pas perdre ce qu'il contient
d'intéressant, je vais vous en faire un récit
fidèle et dans les mêmes termes où je l'ai entendu
le raconter lui-même plusieurs fois à ses amis.

« A mon arrivée, dit mon père, à Helvoestluys,
j'observai que je respirais avec quelque difficulté ; les habitants m'en demandèrent la cause,
et je leur dis que l'animal sur le dos duquel
j'avais voyagé de Harwick à leur rivage ne sa-
vait pas nager. Ce poisson est conformé de

telle façon qu'il ne peut ni flotter ni se mouvoir
sur la surface de l'eau ; il court avec une rapidité incroyable sur le sable d'une rive à l'autre,
chassant devant lui des millions de poissons
de toutes les formes, tels que je n'en ai jamais
vu, portant leur tête à l'extrémité de leur queue.
J'ai vu, continuait-il, une prodigieuse rangée de
rochers qui égalent les Alpes en hauteur (les
sommets, ou plus hautes parties de ces montagnes marines, se trouvent à cent toises au-
dessous de la surface de la mer), sur les flancs
desquels il y a une grande variété d'arbres,
grands et superbes, chargés de fruits marins,
tels que homards, crabes, huitres, coquillages,
mollusques, coquilles, etc.; quelques-uns se
rencontraient par charretées, et non moins gros
que celui qui me portait. Tous ceux qui sont
apportés au rivage et vendus dans nos marchés,
sont des avortons, ou, à proprement parler, des
poissons de cascades; c'est le fruit qui tombe
des branches d'arbres par le mouvement de
l'eau, comme ceux de nos jardins par le mou-

vement du vent. Les arbres des homards paraissent les plus riches ; mais ceux des crabes et des huîtres sont les plus grands. Le turbot est une sorte d'arbuste qui pousse au pied de l'arbre des huîtres, et qui l'enlace comme le lierre fait pour le chêne. J'observai l'effet de plusieurs accidents, de naufrages, etc., particulièrement un vaisseau qui avait été englouti en se brisant contre une montagne de rochers dont le sommet n'était qu'à trois toises de la surface. Au moment où il avait chaviré, il était tombé de côté en forçant un grand homard à quitter sa place. C'était au printemps, quand les homards étaient très jeunes ; et un grand nombre ayant été séparés par la violence du choc, tombèrent sur un arbre de crabes qui croissait au-dessous d'eux ; ils furent fécondés comme avec le pollen des plantes, et produisirent un poisson ressemblant à l'un et à l'autre. J'ai essayé d'en apporter un, mais c'était trop encombrant, et mon Pégase d'eau salée parut trop mécontent à l'idée de s'arrêter dans sa course pendant que je demeu-

rais sur son dos; d'ailleurs, j'étais alors,quoique
galopant, sur une montagne de rochers qui se
trouvait sur le passage, à cinq cents toises au
moins au-dessous de la surface de l'eau ; je
commençais à trouver gênant le manque d'air,
et je n'avais nullement l'intention de prolonger
l'expérience. Ajoutez à ceci que ma situation,
sous plusieurs autres rapports, était loin d'être
agréable ; je rencontrais nombre de grands poissons, qui étaient, à en juger par leurs gueules
ouvertes, non seulement capables, mais aussi
réellement désireux de nous dévorer ; en outre,
comme ma Rossinante était aveugle, j'avais, en
plus de mes autres difficultés, à me garer contre
les désirs de ces monstres affamés.

Comme je longeais la côte allemande, avec
environ trente toises d'eau au-dessus de nos
têtes , je crus voir une forme humaine ha-
billée en femme, reposant sur le sable devant
moi et donnant quelques signes de vie; quand
je vins près d'elle, je vis sa main se mouvoir.
Je la pris dans la mienne et l'apportai au bord

comme un cadavre. Un apothicaire, qui venait d'apprendre la méthode du docteur Hawes (le père du baron avait vécu très intimement avec le docteur Hawes qui avait été son précepteur) de Londres, la traita si adroitement qu'elle revint à la vie. C'était la femme d'un homme qui commandait un vaisseau appartenant à Helvoestluys. Il venait de sortir du port pour un voyage, lorsque, sur une remarque de sa femme, une violente dispute s'éleva entre eux. Dans le paroxysme de la colère, l'épouse irritée se jeta sur son mari, lui laboura les joues avec ses ongles, en proférant des injures. Dans un moment de fureur, le mari, battu, jeta sa femme par-dessus bord après lui avoir asséné un violent coup de matraque sur la tête.

Vous pouvez aisément concevoir de quelles exécrations le mari me chargea quand il revint en trouvant sa douce moitié, attendant son retour, et annonçant par quels moyens elle était revenue à la vie. Toutefois, méprisant les injures, je ne regrette pas ce que j'ai fait pour cette pauvre malheureuse, et j'espère que son mari reviendra à de meilleurs sentiments, parce que j'avais l'intention de bien faire, quoique les conséquences aient été, à ce qu'il m'a été raconté, terribles pour lui.

CHAPITRE XVI.

Ceci est un très court chapitre, ne contenant qu'un seul fait pour lequel la mémoire du baron doit être chère à tous les Anglais, principalement à ceux qui sont susceptibles d'avoir le malheur d'être prisonniers de guerre.

A mon retour de Gibraltar, je traversai la France pour rentrer en Angleterre. Etant étranger, ce ne fut pas sans quelques inconvénients. Je trouvai, dans le port de Calais, un navire qui venait d'arriver avec de nombreux matelots anglais comme prisonniers de guerre. Immédiatement je conçus l'idée de rendre la liberté à ces braves gens, ce que je fis de la manière suivante: après avoir construit une paire de grandes ailes, mesurant chacune quarante mètres de long et quatorze de large, et me les être ajustées, je montai après minuit, quand tout l'équipage, jusqu'au maître de quart, était endormi. Comme je planais sur le navire, j'attachai trois grappins de fer au sommet des trois mâts ; avec ma fronde, et facilement, j'enlevai le tout à quelques mètres au-dessus de l'eau, puis je me dirigeai vers Douvres, où j'arrivai en une demi-heure. N'ayant plus besoin de mes ailes, j'en fis présent au gouverneur du château de Douvres, où on les montre maintenant comme une curiosité.

Quant aux prisonniers et aux Français qui les gardaient, ils ne s'éveillèrent qu'en entendant sonner deux heures au débarcadère de Douvres. A ce moment les Anglais comprirent leur situation qu'ils échangèrent avec leurs gardiens et reprirent ce qui leur avait été enlevé, mais rien de plus, car ils étaient trop généreux pour se venger et les piller en retour.

CHAPITRE XVII.

Voyage dans l'Est. — Le baron présente un ami qui ne le trompe jamais ; il gagne cent guinées en pariant sur la finesse du nez de cet ami. — Le gibier découvert en mer. — De quelques circonstances qui pourront, il l'espère, offrir au lecteur un haut degré d'intérêt.

Dans un voyage que je fis aux Indes Orientales avec le capitaine Amilton, je pris avec moi mon chien de chasse favori ; il valait, pour employer une expression communément employée, plus que son poids d'or, car il ne me trompait jamais. Un jour que nous étions, d'après un calcul approximatif, à environ trois cents lieues de la terre, mon chien se mit en arrêt ; je l'observais depuis une heure avec étonnement, et j'en fis la remarque au capitaine et à tous les officiers du bord, les assurant que nous devions être près de la terre, parce que mon chien flairait le gibier. Cette assertion occasionna une hilarité générale ; mais cela ne

diminua pas la bonne opinion que j'avais de
mon chien. Après une conversation pour et
contre, je dis hardiment au capitaine que j'avais
plus de confiance dans le nez de Tray que dans
les yeux de tous les marins du bord, et je lui
proposai alors de parier la somme que je devais
payer pour mon passage (savoir cent guinées)
que nous trouverions du gibier avant une
demi-heure. Le capitaine (un bon et franc compagnon) sourit de nouveau, demandant au chirurgien, M. Crowford, de venir me tâter le pouls;
il le fit et trouva que j'étais en parfaite santé.
Le dialogue suivant s'établit entre eux, et je
l'entendis, quoiqu'il eût lieu à voix basse et à
quelque distance :

LE CAPITAINE. — Son cerveau est détraqué ;
je ne puis en conscience accepter son pari.

LE CHIRURGIEN. — Je ne suis pas de cet avis ;
il est tout à fait sain, et compte plus sur le flair
de son chien que sur le jugement de tous les
officiers du bord ; il perdra certainement et il le
mérite assurément.

LE CAPITAINE. — Un tel pari ne peut être valable de mon côté ; toutefois je n'accepterai pas s'il m'offre son argent après.

Pendant cette conversation, Tray conserva la même situation, et me confirma encore plus dans ma première opinion. Je proposai le pari une seconde fois, il fut accepté.

Fait ! fait ! étaient à peine dits des deux côtés, quand plusieurs matelots qui pêchaient dans un grand canot attaché à la poupe du navire harponnèrent un énorme requin qu'ils amenèrent à bord, et qu'ils commencèrent à découper pour mettre l'huile en barils, quand, ô surprise, ils ne trouvèrent pas moins de six paires de perdrix vivantes dans l'estomac de l'animal.

Elles avaient été si longtemps dans cette position qu'une perdrix femelle était assise sur quatre œufs et sur un jeune qui venait d'éclore, quand le requin fut ouvert !!! Ce jeune oiseau fut placé dans une nichée de jeunes chats qui venaient de naître quelques minutes aupara-

vant. La vieille chatte en était aussi folle que
de sa propre progéniture, et elle était très
malheureuse quand on le lui ôtait jusqu'à ce
qu'on le lui rendit. Quant aux autres perdrix,
il y avait quatre pondeuses parmi elles ; une ou
deux couvèrent pendant toute la traversée, et
par ce moyen nous eûmes constamment du
gibier pour la table du capitaine ; et en recon-
naissance pour le pauvre Tray (car il m'avait
procuré l'occasion de gagner cent guinées), je
lui donnai les os à ronger, et quelquefois un
oiseau entier.

CHAPITRE XVIII.

Une seconde visite (accidentelle cette fois) à la lune. — Le vaisseau enlevé par un tourbillon à mille lieues au-dessus de la surface de l'eau où règne une atmosphère nouvelle qui nous porte dans un port spacieux de la lune. — Description des habitants, et leur manière de vivre dans le monde lunaire. — Animaux, coutumes, armes de guerre, vin, légumes, etc.

Je vous ai déjà fait le récit d'un voyage que j'ai fait à la lune, à la recherche de ma hachette d'argent ; plus tard j'en ai fait un second d'une manière plus agréable, et j'y demeurai assez longtemps pour prendre des notes sur certaines choses, que j'essayerai de vous décrire aussi exactement que ma mémoire me le permettra:

Je faisais un voyage de découverte à la requête d'un proche parent qui avait une vague idée qu'il y avait un peuple dont les individus étaient égaux en taille à ceux qui sont décrits par Gulliver dans l'empire de Brobdignac. Pour

6ᵉ

ma part, j'ai toujours traité ce récit de fable ;
cependant, pour obliger mon parent, qui m'avait
fait son héritier, j'entrepris le voyage, et je
naviguai sur les mers du Sud où nous arrivâmes,
sans avoir rencontré rien de remarquable, sauf
des hommes et des femmes ailés qui jouaient
au saut de mouton, et dansaient des menuets
dans les airs.

Dix-huit jours après que nous eûmes doublé
l'île de Taïti, mentionnée par le capitaine Cook,
comme la place d'où ils rapportèrent Ornaï, un
ouragan souleva notre vaisseau au moins à
mille lieues au-dessus de la surface de l'eau, et
le conserva à cette hauteur jusqu'à ce qu'une
fraîche brise gonflât nos voiles de toutes parts,
et dès lors nous voyageâmes avec une prodigieuse vitesse ; nous volâmes ainsi au-dessus
des nuages pendant six semaines. A la fin nous
découvrîmes une grande terre dans le ciel,
comme une île radieuse, ronde et brillante, où
nous entrâmes dans un port convenable. Nous
mîmes pied à terre et nous trouvâmes bientôt

que cette terre était habitée. Au delà nous vimes
une autre terre, contenant des cités, des rues,
des montagnes, des rivières, des mers, etc. Nous
pensâmes que c'était le monde que nous venions
de quitter. Ici nous vimes de gigantesques
figures courant sur des vautours d'une prodigieuse grosseur, et chacun d'eux avait trois
têtes. Pour vous donner une idée de la taille
de ces oiseaux, je vous dirai que chacune de
leurs ailes est large six fois comme la longueur
du gouvernail de notre vaisseau, qui était un
bâtiment d'environ six cents tonnes. Ainsi, au
lieu de courir sur des chevaux comme nous
faisons dans ce monde, les habitants de la lune
(car nous savions que nous étions chez madame
la Lune) volent sur ces oiseaux. Le roi que nous
avons visité était engagé dans une guerre avec
le Soleil, et il m'offrit une commission ; mais je
déclinai l'honneur que Sa Majesté voulait me
faire. Chaque chose dans ce monde est d'une
extraordinaire grandeur. Un insecte y est plus
gros qu'un de nos moutons ; pour faire la

guerre, on se sert de radis qu'on emploie comme
des dards ; ceux qui en sont blessés meurent
immédiatement. Leurs boucliers sont des
champignons, et leurs dards (quand ce n'est pas
la saison des radis) sont des pointes d'asperges.
On y rencontre quelques naturels de l'étoile du
Chien ; leur morale les invite au vol ; leurs faces
sont comme celles des gros dogues, avec leurs
yeux près de la partie la plus basse ou du bout
de leur nez. Ils n'ont pas de paupières, mais
ils couvrent leurs yeux avec le bout de leurs
langues quand ils vont dormir : ils ont, en
général, vingt pieds de haut. Quant aux naturels de la lune, aucun n'a moins de trente-six
pieds de stature. On ne les appelle pas des
hommes comme chez nous, mais des animaux
cuisiniers, car tous préparent leur nourriture
par le feu, comme nous le faisons ; mais ils ne
consacrent pas beaucoup de temps à leurs
repas ; ils ouvrent leur côté gauche et placent
dans leur estomac la quantité de nourriture
nécessaire pour vivre sans manger jusqu'au

même jour du mois prochain. Ils ne prennent
de nourriture que douze fois par an, une chaque
mois. Tous les gloutons et les épicuriens
devraient préférer cette méthode à la nôtre.

Il n'y a qu'un sexe chez les cuisiniers ou
autres animaux de la lune. Tous sont produits
par des arbres de grosseur et de feuillage va-
riables; celui qui produit l'animal cuisinier,
ou l'espèce humaine, est plus beau que tous les
autres; il a de grosses branches droites avec
des feuilles couleur de chair, et les fruits qu'il
produit sont des noix ou des pois, avec des
coquilles résistantes d'au moins deux mètres
de long; quand ils arrivent à maturité, ce qui
se voit au changement de couleur, ils sont
cueillis avec grand soin, et mis en réserve pour
un temps plus ou moins long selon les conve-
nances; quand on veut animer la semence de
ces noix, on les plonge dans un grand chaudron
d'eau bouillante qui ouvre les coquilles en peu
d'heures, et la créature en sort.

La nature façonne les intelligences de dif-

férentes manières avant la naissance : d'une
coquille sort un guerrier, d'une autre un philo-
sophe, d'une troisième un prêtre, d'une qua-
trième un avocat, d'une cinquième un clown,
etc , etc., et chacun d'eux commence immédiatement à se perfectionner par la pratique des
connaissances qu'il possède seulement en
théorie.

Quand ils deviennent vieux, ils ne meurent
pas, mais ils s'élèvent dans l'air et se dissolvent
en fumée. Quant à la boisson, ils n'en ont
aucun besoin ; les seules évacuations qu'ils produisent sont insensibles et se font par leur
haleine. Ils n'ont qu'un seul doigt à chaque
main, avec lequel ils exécutent toutes choses
d'une manière aussi parfaite que nous le faisons
avec nos quatre doigts et le pouce en plus. Leur
tête est placée sous leur bras droit, et quand
ils vont en voyage ou se livrent à un exercice
violent, ils la laissent généralement à la maison,
car ils peuvent la consulter, à n'importe quelle
distance ; c'est une habitude très pratique ; et

quand les personnages de rang ou de qualité parmi les Lunariens ont dessein d'aller voir ce qui se passe dans les rangs du peuple, ils restent chez eux, c'est-à-dire le corps reste à la maison, et ils envoient leur tête seule, ce qui est suffisant pour être présents incognito, et se donnent le plaisir au retour de raconter ce qu'ils ont vu.

Les pépins de leurs raisins sont exactement comme de la grêle ; et je suis parfaitement certain que quand un orage ou un grand vent dans la lune secoue leurs vignes, et fait tomber les raisins de leurs tiges, les pépins tombent ici-bas et forment une averse de grêle. Je donnerai le conseil à ceux qui partagent ma manière de voir de recueillir une quantité de pépins, à la prochaine grêle, pour en faire du vin de lune. C'est la boisson habituelle de saint Luc.

Voici quelques autres détails matériels que j'avais oubliés. Ils se servent de leur ventre comme nous faisons d'un sac, et ils y placent

tous les objets qu'ils ont l'occasion de porter et
qui peuvent y entrer, car ils peuvent à volonté
le fermer et l'ouvrir, comme leur estomac ; ils ne
sont pas gênés avec le cœur, le foie et les in-
testins, ni encombrés de leurs vêtements, car
chez eux il n'y a aucune indécence à se présen-
ter sans vêtements.

Ils peuvent retirer leurs yeux de leurs orbites
ou les remplacer à volonté, et ils peuvent voir
avec les yeux dans la main aussi bien que quand
ils les ont dans la tête ; et si par quelque accident ils viennent à les perdre ou à les endom-
mager, ils peuvent en emprunter ou en acheter
d'autres, et voir aussi facilement qu'avec leurs
yeux primitifs. Les goûts en fait d'yeux sont
très nombreux dans plusieurs parties de la
lune, et dans cet article seul les habitants sont
bizarres : quelquefois les yeux gris sont à la
mode, quelquefois ce sont les yeux jaunes. Je
sais que ces choses doivent vous paraître
étranges ; mais si l'ombre d'un doute pouvait
demeurer dans l'esprit de quelqu'un, je lui di-

rais : faites vous-même un voyage dans la lune, et alors vous reconnaîtrez que je suis un voyageur respectueux de la véracité.

CHAPITRE XIX.

Le baron franchit la Tamise sans le secours d'un pont, bateau, canon ou ballon, et sans son acquiescement; il s'éveille après un long somme et détruit un monstre qui vivait en exploitant les autres.

Ma première visite en Angleterre eut lieu vers le commencement du règne du présent roi. J'eus l'occasion d'aller à Wapping, pour voir embarquer quelques marchandises que j'envoyais à des amis de Hambourg; après avoir terminé cette affaire, je retournai par la jetée de la Tour. Le soleil était très ardent, et

j'étais tellement fatigué que je m'assis pour me
reposer dans un des canons, où je m'endormis

Je tombai sur une meule de foin.

bientôt. C'était vers midi, le 4 juin : à une heure
ces canons furent tous déchargés en mémoire
de la fête. Ils avaient été tous chargés le matin,
et je n'avais aucun soupçon de ma situation ; je

fus projeté au-dessus des maisons sur le côté opposé de la rivière, dans la cour d'un fermier, entre Bermondsey et Depford, où je tombai sur une meule de foin, sans m'éveiller, et continuai à dormir jusqu'à ce que le foin devînt horriblement cher (ce qui arriva environ trois mois après). Le fermier trouva fort avantageux de vendre tout son stock au marché. La meule sur laquelle je reposais était la plus grosse de toute la cour, et contenait cinq cents charges. Ils commencèrent à la couper la première. Je fus éveillé par les voix des gens qui étaient montés sur des échelles pour commencer par le sommet, et je me levai, totalement ignorant de ma situation, en essayant de me sauver. Je tombai sur le fermier à qui appartenait le foin et lui brisai le cou sans me faire de mal à moi-même. Plus tard, j'appris, à ma grande consolation, que cet homme avait une détestable réputation, gardant toujours le produit de ses terres pour les vendre à un prix extravagant.

CHAPITRE XX.

Le baron glisse à travers le monde : après avoir fait une
visite au mont Etna, il se trouve dans la mer du Sud. Il
visite Vulcain à son passage ; vient à bord d'un vaisseau
de guerre hollandais ; arrive à une île de fromage,
entourée par une mer de lait. Il décrit quelques objets
extraordinaires. Ils perdent leur boussole ; leur vaisseau
s'enfonce entre les dents d'un poisson inconnu dans
cette partie du monde ; leur embarras à se tirer de là ;
ils arrivent dans la mer Caspienne. — Fait périr un ours.
— Quelques anecdotes sur un gilet.
(Dans ce chapitre qui est le plus long, le baron moralise
sur la vertu de véracité.)

Le voyage en Sicile de M. des Os-Secs, que
j'avais lu avec un grand plaisir, me donna l'idée
de faire une visite au mont Etna. Mon voyage
eut lieu sans aucune circonstance digne d'être
relatée.

Un matin, de bonne heure, trois ou quatre
jours après mon arrivée, je sortis d'une chau-
mière où j'avais dormi, à peu près à dix kilomètres du pied de la montagne, déterminé à

explorer l'intérieur, dussé-je périr dans cet essai. Après trois heures d'un dur travail. j'arrivai au sommet.

Le volcan faisait rage.

En ce moment, et depuis environ trois semaines, le volcan faisait rage. Son apparence pendant l'éruption a été si fréquemment notée par différents voyageurs que je ne vous fatiguerai

pas avec la description d'objets que vous con-
naissez suffisamment. Je marchai sur le bord du
cratère qui me parut au moins cinquante fois
aussi spacieux que le *bol de Punch du Diable*
près de Péterfield, sur la route de Portsmouth,
mais non si large au fond, car en cet endroit il
ressemble à la partie resserrée d'un entonnoir
plutôt qu'à un bol à punch.

A la fin, ayant excité ma vigueur, je m'élançai
les pieds en avant. Je me trouvai bientôt dans
une fosse chaude, le corps meurtri, et brûlé en
plusieurs endroits par les cendres rouges, qui,
montant avec violence, s'opposaient à ma descente. Cependant mon poids m'amena au fond,
où je me trouvai au milieu du bruit et des cla-
meurs, accompagnées des plus horribles impré-
cations. Après avoir recouvré mes sens, je sentis ma souffrance diminuer et je regardai autour
de moi. Jugez, Messieurs, de mon étonnement
quand je me trouvai en compagnie de Vulcain
et de ses Cyclopes qui avaient eu querelle pendant les dernières trois semaines, au sujet du

bon ordre et de la subordination nécessaire, ce
qui, pendant ce temps, avait occasionné toutes
les alarmes du monde au-dessus. Cependant
mon arrivée rétablit la paix dans cette société, et
Vulcain lui-même me fit l'honneur d'appliquer
des emplâtres sur mes blessures, ce qui les
cicatrisa immédiatement. Il plaça aussi devant
moi des rafraîchissements, particulièrement du
nectar, et d'autres vins généreux, tels que les
dieux et les déesses seuls peuvent y prétendre.
Ce repas terminé, Vulcain ordonna à Vénus de
mettre à ma disposition tout ce que ma situation demandait. Décrire l'appartement et la
couche sur laquelle je reposai est totalement
impossible; je ne l'essaierai donc pas. Il suffit
de dire qu'il n'est au pouvoir d'aucune langue
d'y rendre justice ou de parler de cette agréable
déesse en termes proportionnés à son mérite.

Vulcain me fit une description très succincte
du mont Etna. Il me dit que ce n'était rien de
plus que l'accumulation des cendres jetées de
sa forge ; qu'il était fréquemment obligé de châ-

tier ses gens, à qui, dans sa colère, il avait l'habitude de jeter des charbons allumés, qu'ils pa-
raient avec grande dextérité et qu'ils rejetaient
dans le monde pour les mettre hors de portée,
car ils n'essayaient jamais de les lui renvoyer.
« Nos querelles, ajouta-t-il, durent quelquefois
trois ou quatre mois, et les apparitions de charbons et de cendres dans le monde sont ce que,
à mon sens, vous, mortels, appelez éruptions. »
Il m'assura que le mont Vésuve était un autre
de ses ateliers, vers lequel il avait un passage
de trois cent cinquante lieues sous le lit de la
mer, et que de semblables querelles y pro-
duisaient de semblables éruptions. Je serais
resté longtemps près de lui ; mais une brouille
étant survenue entre nous, cet irascible person-
nage se fâcha et m'emporta à un appartement
que je n'avais jamais vu et qui ressemblait à un
puits à large bouche. Il me tint suspendu au-
dessus à longueur de bras. « Ingrat mortel, retourne dans le monde d'où tu viens ! » me dit-il ;
et sans me donner le temps de répondre, il me

jeta au centre. Je me sentis descendre avec une
incroyable rapidité, jusqu'à ce que l'horreur de
ma situation me priva de toute réflexion. Je
suppose que je tombai dans une léthargie dont
je fus soudain tiré en plongeant dans une grande
quantité d'eau, illuminée par les rayons du soleil.

Je savais, dès mon enfance, très bien nager et
même faire toutes sortes de tours dans l'eau. Je
me trouvais en paradis, me rappelant les tran-
ses par où je venais justement de passer.
Après avoir regardé quelque temps autour de
moi, je ne pus rien découvrir qu'une grande
étendue d'eau aussi loin que la vue pouvait porter. Je la trouvai aussi très froide et bien différente de la température de la boutique de maître
Vulcain. A la fin, j'observai à quelque distance
un corps d'une étonnante grandeur qui s'appro-
chait de moi. Je découvris bientôt que c'était un
morceau de glace flottante. Je nageai tout autour
jusqu'à ce que j'eusse trouvé un endroit par où
je pusse monter au sommet, ce que je fis, mais
non sans grande difficulté. Pourtant j'étais hors

de vue de la terre, et le désespoir revint avec
une double force. Mais, avant la tombée de la
nuit, je vis une voile qui n'était pas éloignée.
Quand je fus à petite distance, je hêlai les
matelots en allemand. Ils me répondirent en

Je vis une voile.

hollandais. Alors je m'élançai dans la mer, et ils
me jetèrent une corde au moyen de laquelle je
fus hissé à bord. Je demandai alors où nous
étions, et on me répondit que c'était dans le sud
du Grand Océan. Cela donna lieu à une découverte qui enleva tous mes doutes et toutes mes
inquiétudes. Il était évident que j'avais passé du
mont Etna à travers le centre de la terre jus-

qu'aux mers du Sud. Ceci, Messieurs, était un voyage beaucoup plus court que d'aller autour du monde, et que nul homme n'a accompli ou tenté que moi-même. Cependant, la prochaine fois que je l'accomplirai, je serai plus précis dans mes observations.

Je pris un rafraîchissement, et allai me reposer.

Les Hollandais sont un peuple rude. Je relatai mon passage de l'Etna aux officiers, exactement comme je vous l'ai fait, et quelques-uns d'entre eux, et particulièrement le capitaine, semblèrent, par leurs grimaces et leurs phrases à double entente, douter de ma véracité. Cependant, comme il m'avait pris à son bord et s'occupait alors de pourvoir à mes nécessités, j'empochai l'affront.

Je commençai à mon tour à m'informer où ils allaient. Ils me répondirent qu'ils cherchaient à faire de nouvelles découvertes, et, disaient-ils, « si votre situation est vraie, un nouveau passage est réellement découvert, et nous ne retournerons pas désappointés. »

Nous étions alors exactement sur les premières traces du capitaine Cook et nous arrivâmes
le matin suivant à Botany-Bay. Je ne recom-
manderais pas cet endroit en aucune façon au
gouvernement anglais comme un refuge de voleurs ou un lieu de punition. J'en ferais plutôt
une récompense du mérite, la nature lui ayant
prodigué ses dons avec la plus généreuse bonté.

Nous n'y restâmes que trois jours. Le qua-
trième jour après notre départ, une terrible
tempête s'éleva, qui, en peu d'heures, détruisit
toutes nos voiles, brisa notre beaupré et emporta notre mât de hune ; il tomba directement
sur l'habitacle qui fut mis en pièces avec la
boussole. Tous ceux qui ont été en mer savent
les conséquences d'un pareil accident. Nous ne
savions plus dès lors comment nous diriger. A
la fin, la tempête s'abattit et elle fut suivie par
une vive et belle brise qui nous emporta à la
vitesse d'au moins quarante nœuds à l'heure
pendant six mois. (Nous supposerions volon-

tiers que le baron a fait une petite méprise et
substitué le mot *mois* à celui de *jours*.) Alors
nous commençâmes à observer un étonnant
changement de toutes choses autour de nous.
Nos esprits devinrent légers ; nos nez furent
régalés des effluves les plus aromatiques ; la
mer aussi changeait de teinte, et, de verte, elle
devint blanche. Bientôt après ces étonnantes
altérations, nous vîmes la terre et, à une petite
distance, un canal dans lequel nous avançâmes
près de soixante lieues ; et nous le trouvâmes
large et profond, rempli de lait du goût le plus
délicieux. Nous débarquâmes et nous trouvâmes
bientôt que c'était une île consistant en un large
fromage. Nous en eûmes la preuve par l'éva-
nouissement d'un homme de notre compagnie à
son débarquement. Cet homme avait toujours
eu une aversion pour le fromage. Quand il revint
à lui, il désira que le fromage fût enlevé de sous
ses pieds. En examinant davantage, nous trouvâmes qu'il avait raison, car l'île entière, comme
je l'ai observé d'abord, n'était qu'un immense

fromage. Les habitants, qui sont excessivement nombreux, s'en nourrissent principalement, et elle croit chaque nuit en proportion de ce qui a été consommé pendant le jour. Il paraissait y avoir abondance de vignes, avec des grappes de gros raisins, qui, pressés, ne rendaient rien que du lait. Nous vîmes les habitants qui se disputaient le prix de courses sur la surface du lait. Ils marchaient debout, avaient la figure agréable, neuf pieds de haut, et avaient trois jambes, mais un seul bras. En somme, leur forme était gracieuse, et quand ils se querellent, ils se servent, avec grande adresse, d'une corne droite qui croit aux adultes au centre de leur front. Ils ne s'enfonçaient pas du tout, mais couraient et marchaient sur la surface du lait comme nous faisons sur une pelouse.

Sur cette île de fromage croit une grande abondance de grain, dont les épis produisent des miches de pain prêt à être mangé et d'une forme ronde comme les champignons. Dans nos promenades sur cette île de fromage, nous découvrîmes dix-sept autres rivières de lait et dix de vin.

Après un voyage de trente-huit jours, nous arrivâmes sur le côté opposé à celui sur lequel nous avions débarqué. Nous y trouvâmes une certaine moisissure bleue, comme l'appellent les mangeurs de fromage, d'où jaillissent toutes sortes de riches fruits. Au lieu de nourrir des mites, elle produit des pêches, des brugnons, des abricots et des milliers de fruits délicieux que nous ne connaissons pas. Dans ces arbres, qui sont d'une grandeur étonnante, il y avait quantité de nids d'oiseaux, parmi lesquels était celui d'un martin-pêcheur d'une étonnante grandeur. Il y avait au moins deux fois la circonférence du dôme de l'église Saint-Paul à Londres. En y regardant de près, ce nid était fait de gros arbres, curieusement joints ensemble ; il y avait... laissez-moi voir (car je me suis fait une règle de toujours parler exactement), il y avait au delà de cinq cents œufs dans le nid, et chacun d'eux était aussi gros que quatre muids communs, ou huit barils, et nous pouvions, non seulement voir, mais entendre les petits ga- zouiller dedans. Ayant, avec beaucoup de peine, ouvert en le coupant un de ces œufs, nous trou- vâmes un jeune oiseau, sans plumes encore, considérablement plus gros que vingt vautours, à leur parfaite croissance. Au moment où nous avions donné la liberté à ce jeune, le vieux mar- tin-pêcheur descendit, et saisissant dans une de ses serres notre capitaine qui avait été actif en brisant l'œuf, il s'envola avec lui à un mille de hauteur, et alors le laissa choir dans la mer, mais pas avant de lui avoir fait sauter les dents de la bouche avec ses ailes.

Les Hollandais nagent ordinairement bien ; il nous rejoignit, et nous nous retirâmes sur notre vaisseau. A notre retour, nous prîmes une route différente, et nous observâmes beaucoup d'objets étranges. Nous tuâmes deux bœufs sauvages, chacun avec une seule corne, comme les habitants, excepté qu'elle poussait entre les deux yeux de ces animaux. Nous regrettâmes

plus tard de les avoir détruits, car nous trouvâmes, après enquête, qu'ils apprivoisaient ces
créatures, et s'en servaient comme nous faisons
des chevaux, en guise de montures et de bêtes
de trait ; leur chair, nous dit-on, était excellente,

Saisissant dans une de ses serres notre capitaine.

mais sans usage pour des gens qui vivent de
fromage et de lait.

Quand nous fûmes arrivés à deux journées
de marche du vaisseau, nous observâmes troi
hommes pendus par les talons à un grand
arbre. En nous informant de la cause de leur
punition, je sus que tous avaient voyagé au loin

et qu'à leur retour dans leur pays, ils avaient trompé leurs amis en décrivant des lieux qu'ils n'avaient jamais vus, et en racontant des choses qui n'étaient jamais arrivées. Cela ne me fit aucune peine, car je me suis toujours borné aux faits exacts.

Aussitôt que nous arrivâmes au vaisseau, nous levâmes l'ancre et nous partimes de cette contrée; mais, à notre étonnement, tous les arbres sur la côte, qui étaient en grand nombre et très grands et très gros, nous saluèrent par deux fois, s'inclinant en même temps, et reprenant immédiatement leur première posture, qui était tout à fait droite.

Par ce que nous pûmes apprendre de ce fromage, il était considérablement plus grand que tout le continent européen.

Après avoir marché trois mois, nous ne savions où, étant encore sans boussole, nous arrivâmes dans une mer qui paraissait presque noire. En y goûtant, nous trouvâmes que c'était d'excellent vin; et nous eûmes une grande dif-

ficulté à empêcher les marins de s'enivrer.
Cependant en peu d'heures nous fûmes entourés
par des baleines et d'autres animaux d'une
taille immense; l'un d'eux même nous parut
trop grand pour que l'œil pût s'en former un
jugement. Nous ne l'avions pas aperçu avant
d'être tout à fait contre lui.

Ce monstre fit entrer dans sa gueule notre
vaisseau avec tous ses mâts debout, ses voiles
étendues, en passant entre ses dents qui étaient
plus hautes et plus grosses que le mât d'un
vaisseau de guerre de premier rang.

Après que nous eûmes passé quelque temps
dans sa bouche, il l'ouvrit toute grande, avala
une immense quantité d'eau et mit à flot dans
son estomac notre vaisseau, qui était d'au moins
cinq cents tonneaux. Nous y demeurâmes aussi
tranquilles que si nous étions à l'ancre par un
calme plat. L'air, sans doute, était un peu chaud
et très désagréable. Nous y trouvâmes des
ancres, des câbles, des bateaux, des barques en
abondance et un nombre considérable de vais-

seaux, quelques-uns chargés et les autres non,
que cet animal avait avalés. Tout s'y faisait à
la lumière des torches. Ni soleil, ni lune, ni
planète pour servir à nos observations. Généralement nous étions à flot et à sec deux fois par

Ce monstre fit entrer dans sa gueule le vaisseau.

jour ; toutes les fois qu'il buvait, c'était la marée
pour nous ; et chaque fois qu'il évacuait, nous
nous trouvions à sec. En faisant un calcul
modéré, il prenait plus d'eau en une simple
gorgée qu'on n'en pourrait trouver danc le lac
de Genève, quoiqu'il ait plus de cinquante kilomètres de circonférence. Le second jour de
notre emprisonnement dans ces régions

obscures, je m'aventurai, à marée basse, comme
nous disions quand le vaisseau était à sec, à
me promener avec le capitaine et quelques
autres officiers, portant des torches à la main.
Nous nous réunimes avec des gens de toutes
nations, au nombre de plus de dix mille. Ils
voulaient tenir un conseil sur les moyens de
recouvrer leur liberté. Quelques-uns d'entre
eux avaient vécu plusieurs années dans l'estomac de cet animal. Il y avait plusieurs enfants
qui n'avaient jamais vu le jour, étant nés dans
cette chaude atmosphère. A l'instant où le président allait nous informer de l'affaire pour
laquelle nous étions rassemblés, ce maudit
animal eut soif et but à sa manière accoutumée.
L'eau se précipita avec une telle impétuosité
que nous fûmes tous obligés de nous retirer
immédiatement vers nos vaisseaux respectifs
ou de courir le risque d'être noyés; quelques-
uns furent même obligés de se mettre à la
nage, et sauvèrent leur vie avec difficulté.

Peu d'heures après, nous fûmes plus fortu-

nés. Nous nous réunimes à l'instant où le
monstre venait d'évacuer. Je fus élu président,
et la première chose que je fis fut de proposer
d'ajouter deux grands mâts ensemble, et, la
première fois qu'il ouvrirait la bouche, de nous

Le sommet du mât fut placé contre le palais.

tenir prêts à les redresser en dedans pour l'empêcher de la fermer. Cette proposition fut
adoptée à l'unanimité. Cent hommes des plus
robustes furent choisis pour cette opération.
Nous avions à peine préparé nos mâts convenablement quand une occasion s'offrit. Le
monstre ouvrit la bouche ; immédiatement le
sommet du mât fut placé contre le palais, et

l'autre bout lui perça la langue, ce qui l'empêcha effectivement de fermer la bouche. Aussitôt que toutes les embarcations flottèrent
dans son estomac, nous équipâmes quelques
bateaux qui nous remorquèrent dans le monde.
La lumière du jour venant après un emprisonnement de trois mois (au moins autant que nous
pouvions en juger) nous ranima étonnamment
le courage. Quand nous eûmes tous pris congé
de ce monstrueux animal, nous présentions une
flotte de quatre-vingt-quinze vaisseaux de toutes
nations qui avaient été ainsi renfermés.

Nous laissâmes le mât dans sa bouche, afin
d'empêcher que d'autres fussent renfermés
dans cet horrible gouffre d'obscurité et de sa-
leté.

Notre premier soin fut d'apprendre dans
quelle partie du monde nous étions. Nous fûmes
quelque temps avant de pouvoir l'assurer ; à
la fin je trouvai, aux premières observations, que
nous étions dans la mer Caspienne, qui baigne
une partie du pays des Kalmoucks. Il était

impossible de concevoir comment nous y étions venus, car cette mer n'a de communication avec aucune autre. Un des habitants de l'île de fromage, que j'avais emmené avec moi, pensa que le monstre dans l'estomac duquel nous avions été si longtemps renfermés, nous y avait emportés par quelque passage souterrain. Cependant nous avancions vers la côte. Je débarquai le premier. Juste au moment où je posais le pied sur la terre ferme, un ours énorme se jeta sur moi avec ses pattes de devant. J'en saisis une de chaque main et le serrai tant qu'il se mit à crier fortement. Cependant je le tins dans cette position jusqu'à ce que je pusse le mettre à mort. Vous pouvez rire, Messieurs, mais cela fut si tôt fait que je l'empêchai de lécher ses pattes.

De là, je partis pour Saint-Pétersbourg une seconde fois. Un vieil ami m'y donna un excellent chien d'arrêt, descendu de cette fameuse chienne dont j'ai parlé, qui mit bas tout en chassant un lièvre. J'eus l'infortune de le voir

tuer bientôt après par un chasseur étourdi, qui
lui envoya un coup de fusil au lieu de tirer une
compagnie de perdreaux que la pauvre bête
avait arrêtés. De sa peau je fis faire ce gilet
(montrant son gilet) qui me conduit toujours
involontairement au gibier. Si je me promène
en plaine dans la saison convenable, et quand
je suis à portée de tirer, un des boutons s'en va
constamment, et saute vers l'endroit où se
trouve le gibier; et quand les oiseaux se lèvent,
étant toujours averti et le fusil armé, je ne les
manque jamais. Il ne reste maintenant que trois
boutons ; mais j'en ferai placer une autre rangée avant que la saison de la chasse ne recom-
mence.

Quand une compagnie de perdreaux est trou-
blée de cette manière par le bouton qui tombe
au milieu, ils s'élèvent toujours de terre en
suivant une ligne droite l'un derrière l'autre.
Un jour, ayant oublié de retirer la baguette du
canon, je la déchargeai à travers une bande,
aussi régulièrement que si le cuisinier les

avait embrochés. J'avais oublié d'y mettre la
bourre, et la baguette était tellement échauffée
par la poudre que les oiseaux furent complètement rôtis pendant le temps que je mis à
atteindre la maison.

Depuis mon retour en Angleterre, j'ai accompli ce que j'avais tant à cœur, savoir : assurer
l'avenir de l'habitant de l'ile de fromage que
j'avais ramené avec moi. Mon vieil ami Sir
William Chamben, qui me doit beaucoup pour
toutes ses idées de jardins chinois, dans la
description desquels il s'est acquis une si
grande réputation, je vous le dis, Messieurs,
paraissait être très embarrassé relativement à
un procédé pour allumer les lampes dans les
nouveaux bâtiments de Somerset. Le mode
habituel, au moyen d'échelles, lui paraissait à la
fois sale et peu convenable. Mon natif de l'ile de
fromage me vint à l'esprit. Il n'avait que neuf
pieds quand je l'avais amené de son pays, mais
il avait crû jusqu'à dix pieds et demi. Je le
présentai à Sir William, et il le nomma à cet
honorable emploi.

Il a aussi obtenu de M. Pitt la situation de
messager des lords de la chambre à coucher
de Sa Majesté, dont le principal emploi sera
maintenant de divulguer les secrets de la maison du roi à leur digne patron.

SUPPLÉMENT.

Voyage extraordinaire sur le dos d'un aigle au-dessus de la France vers Gibraltar, l'Amérique du Nord et du Sud, les régions polaires, et retour en Angleterre en trente-six heures.

Vers le commencement du règne de Sa Majesté actuellement régnante, j'eus quelque affaire avec un parent éloigné qui vivait dans l'île de Thanet. C'était une dispute de famille qui ne paraissait pas devoir finir de sitôt. Pendant ma résidence en ce lieu, je m'étais fait une habitude, quand le temps était beau, de faire une promenade chaque matin. Après quelques-unes de ces excursions, j'observai un objet sur une grande éminence à environ cinq kilomètres de distance. J'étendis ma promenade jusque-là et trouvai les ruines d'un ancien temple. Je m'en approchai avec admiration et étonnement. Ces traces de grandeur et de magnificence qui res-

taient encore étaient des preuves évidentes de
sa première splendeur. Je ne pouvais m'empêcher de regretter les ravages et les dévastations
du temps dont cette construction, autrefois si
noble, offrait des preuves si mélancoliques.

J'en fis le tour plusieurs fois en me promenant,
méditant sur la nature flottante et transitoire de
toutes les choses terrestres ; à l'extrémité est
étaient les restes d'une tour élevée de près de
quarante pieds, couronnée de lierre, le sommet
paraissant plat. Je la considérai tout autour
fort minutieusement, pensant que si je pouvais
gagner le sommet, je jouirais d'une vue très
délicieuse de la contrée environnante. Animé
de cet espoir, je résolus, s'il était possible, de
gagner le sommet, et enfin j'effectuai ce projet
par le moyen du lierre, quoique avec beaucoup
de difficulté et de danger. Je trouvai le sommet
couvert de ce lierre, excepté une grande lacune
dans le milieu. Après avoir examiné dans un
agréable étonnement toutes les beautés de l'art
et de la nature qui conspiraient à enrichir la

scène, la curiosité me poussa à sonder l'ouverture dans le milieu, avec l'intention de m'assurer
de sa profondeur, car j'avais le soupçon qu'elle
pouvait très probablement communiquer avec
quelque caverne souterraine, non encore explo-
rée dans la montagne ; mais, n'ayant pas de
corde, je ne savais comment procéder. Après
avoir agité la matière pendant quelque temps
dans ma pensée, je résolus de laisser tomber
une pierre au fond et d'écouter l'écho. Après en
avoir trouvé une qui répondait à mon objet, je
me plaçai sur le trou, un pied de chaque côté,
et, me penchant pour écouter, je laissai tomber
la pierre. Je n'eus pas plus tôt fait que j'entendis un tapage en bas, et un aigle monstrueux
leva la tête à l'opposé de ma figure, et, s'élevant
avec une force irrésistible, m'emporta assis
sur ses épaules. A l'instant je lui jetai les bras
autour du cou, qui était assez gros pour remplir mes bras, et ses ailes étendues avaient bien
dix mètres d'une extrémité à l'autre. Comme il
s'élevait d'un mouvement régulier, mon assiette

était parfaitement sûre et je jouissais de la scène
en dessous avec un inexprimable plaisir. Il
plana quelque temps au-dessus de Margate, fut
aperçu de beaucoup de gens, et même plusieurs
coups de feu lui furent tirés. Une balle frappa

Un aigle monstrueux m'emporta sur ses épaules.

le talon de mon soulier, mais ne me fit aucun
mal. Il dirigea alors son vol vers la falaise de
Douvres, où il s'abaissa, et je pensais à descendre, mais j'en fus empêché par une soudaine
décharge de mousqueterie d'une troupe de marins qui s'exerçaient sur la plage. Les balles
passèrent autour de ma tête et frappèrent les

plumes de l'aigle comme des grêlons ; pourtant
je pus m'apercevoir qu'il n'avait reçu aucun
mal. Instantanément il remonta et vola au-dessus de la mer vers Calais, mais si haut que le
détroit ne paraissait pas plus large que la Tamise au pont de Londres. En un quart d'heure
je me trouvai en France, au-dessus d'un bois
épais, où l'aigle descendit très rapidement, ce
qui me força à me laisser glisser sur le derrière
de sa tête ; mais il descendit sur un gros arbre
et releva la tête, et je recouvrai mon siège comme
auparavant ; mais je ne vis pas la possibilité de
me dégager, sans danger d'être tué par la chute.
Alors je me déterminai à m'asseoir solidement,
pensant qu'il m'emporterait aux Alpes, ou à
quelques hautes montagnes où je pourrais descendre sans danger. Après s'être reposé quelques minutes, il reprit son vol, plana quelque
temps autour du bois, poussa un cri assez fort
pour être entendu à travers le détroit du Pas-
de-Calais. En peu de minutes, un oiseau de
même espèce s'éleva hors du bois et vola direc-

tement sur nous. Il me considéra avec des marques évidentes de déplaisir et vint très près de
moi. Après avoir plusieurs fois tournoyé, ils
dirigèrent leur course vers le sud-ouest. Je
m'aperçus bientôt que celui que je montais ne
pouvait lutter de vitesse avec l'autre, mais
inclinait vers la terre, à cause de mon poids.
Son compagnon, s'en apercevant, tourna autour
de lui et se plaça dans une telle position que
l'autre put reposer la tête sur son croupion. De
cette façon, ils s'avancèrent jusqu'à midi, et
alors je vis très distinctement le rocher de Gibraltar.

Le jour étant clair, nonobstant l'élévation où
j'étais, la surface de la terre m'apparaissait tout
comme une carte, où la terre, la mer, les lacs,
les rivières, les montagnes, et tous les accidents
de terrain étaient parfaitement distincts, et
ayant quelques connaissances en géographie,
je n'étais pas en peine de distinguer dans quelle
partie du globe je me trouvais.

Tandis que je contemplais cette scène admi-

ŕable, un terrible hurlement se fit entendre autour de moi, et en ce moment, je fus assiégé par
des milliers de petites créatures noires, infor-
mes, au regard effrayant, qui me pressaient de
tous côtés de telle manière que je ne pouvais
mouvoir ni mains ni pieds. Mais je n'avais pas
été plus de dix minutes en leur possession
quand j'entendis la plus délicieuse musique qui
se puisse imaginer. Elle fut soudain changée en
un bruit si terrible et si effrayant que le son du
canon ou les plus forts éclats du tonnerre ne sont
en proportion que pour ce que le doux zéphyr du
soir est au plus terrible ouragan. Mais la briè-
veté de sa durée empêcha les effets fatals que
sa prolongation aurait certainement amenés.

La musique recommença et je vis un grand
nombre de belles petites créatures saisir l'autre
parti et les jeter avec grande violence dans
quelque chose comme une tabatière qu'elles
renfermèrent, et l'une d'elles la lança au loin
avec une grande rapidité. Alors, se tournant vers
moi, elle me dit que ceux qu'ils avaient enfermés

étaient une réunion de diables qui s'étaient échappés de leur propre habitation, et que le véhicule dans lequel ils étaient enfermés allait voler avec une étonnante rapidité pendant dix mille ans ; qu'alors il éclaterait de lui-même et que les diables recouvreraient leur liberté et leurs facultés comme en ce moment. Il n'avait pas plus tôt fini cette relation que la musique cessa, et ils disparurent tous, me laissant dans un état d'esprit bordant les confins du désespoir.

Quand je fus un peu remis, je regardai devant moi avec un plaisir inexprimable, et j'observai que les aigles se préparaient à descendre sur le pic de Ténériffe. Ils descendirent sur le sommet d'un roc ; mais, ne voyant aucun moyen d'échapper si je démontais, je me décidai à rester où j'étais.

Les aigles s'accroupirent, paraissant fatigués ; La chaleur du soleil les porta bientôt à s'endormir, et moi-même je ne pus longtemps résister à son pouvoir accablant. Dans la fraîcheur de la soirée, quand le soleil se fut retiré à l'horizon, je fus tiré de mon sommeil par un mouvement de l'aigle qui était sous moi, et, m'étant allongé sur son dos, je m'assis et repris ma position de voyage. Alors ils prirent leur vol, et s'étant placés de même que la première fois, ils dirigèrent leur course vers l'Amérique du Sud. La lune brilla vivement toute la nuit, et j'eus la vue de toutes les îles de la mer.

Vers le point du jour, nous atteignîmes le grand continent d'Amérique, et descendîmes sur le sommet d'une très haute montagne. A ce moment la lune s'abaissait vers l'ouest, et, obscurcie par d'épais nuages, ne donnait qu'une clarté suffisante pour me permettre de découvrir aux alentours une espèce de buisson, portant des fruits ressemblant à des choux que les aigles se mirent à manger très vivement. Je m'efforçais de découvrir ma situation ; mais les brouillards et les nuages qui passaient m'entouraient de la plus profonde obscurité, et ce qui rendait la scène encore plus désagréable, c'était le hurlement des bêtes sauvages, dont quelques-uns paraissaient être très près. C'est pourquoi je me déterminai à garder mon siège, imaginant que l'aigle m'emporterait si quelqu'une d'elles faisait une tentative hostile.

Quand la lumière du jour commença à apparaître, je pensai à examiner le fruit que j'avais vu manger aux aigles; et comme quelques-uns pendaient à ma portée, je tirai mon couteau et en coupai une tranche. Mais quelle ne fut pas ma surprise de trouver que cela avait toute l'apparence du bœuf rôti entremêlé de gras et de maigre! J'en goûtai et trouvai que cela avait une saveur délicieuse. Alors j'en coupai plusieurs grosses tranches et les mis dans ma poche où je trouvai une croûte de pain que j'avais emportée de Margate. Je la tirai et j'y trouvai trois balles de mousquet qui s'y étaient logées sur la côte de Douvres. Je les retirai et, coupant quelques tranches de plus, je fis un bon repas de pain et de ce fruit de bœuf froid. J'en coupai encore deux

des plus gros qui croissaient près de moi, et,
les liant avec une de mes jarretières, je les
suspendis au cou de l'aigle pour une autre occasion, emplissant mes poches en même temps.
Tandis que j'arrangeais ces affaires, j'observai
un gros fruit comme une grosse vessie, et je
désirai en expérimenter. Donnant un coup de
couteau dans l'un d'eux, une belle liqueur, lim-
pide comme l'eau-de-vie de Hollande, jaillit au
dehors, ce que les aigles voyant, ils burent ce
qui avait coulé sur le sol. Je coupai le fruit aussi
vite que je pus, et épargnai au fond environ une
demi-pinte que je goûtai et ne pus distinguer
du meilleur vin de montagne. Je la bus toute et
fus très bien rafraîchi. Pendant ce temps, les
aigles commençaient à chanceler parmi les buis-
sons. Je m'efforçai de garder mon siège; mais
je fus bientôt jeté à quelque distance parmi les
ronces. En essayant de me lever, je mis la main
sur un gros hérisson qui se trouvait sur son dos
parmi les herbes. Il se referma si vite sur ma
main que je ne pus le secouer. Je le frappai à

plusieurs reprises contre le sol sans effet; mais
tandis que j'étais ainsi occupé, j'entendis un
frôlement parmi les ronces, et en regardant, je
vis un énorme animal à trois pas de moi. Je ne

Je trouvais mes aigles étendus.

pouvais faire aucune défense; mais j'étendis les
deux mains quand il s'élança sur moi, et il
saisit celle où le hérisson était fixé. Ma main
fut bientôt délivrée, et je m'enfuis à quelque
distance. Alors je vis cet animal tomber soudain
et expirer avec le hérisson dans sa gorge.

Quand le danger fut passé, j'allai revoir mes

8*

aigles, et les trouvai étendus sur le gazon et lourdement endormis, enivrés par la liqueur qu'ils avaient bue. En vérité, je me trouvais moi-même considérablement animé par ce breuvage, et voyant que tout était tranquille, je commençai à en chercher davantage. Je trouvai mon affaire et ayant coupé deux grosses vessies, de chacune environ huit litres, je les liai ensemble et les pendis sur le cou de l'aigle. J'en liai deux autres plus petites à ma ceinture. Ayant ainsi assuré une bonne quantité de provisions, et m'apercevant que les aigles commençaient à revenir à eux, je repris mon siège. Au bout d'une demi-heure, ils s'élevèrent majestueusement de la place, sans faire attention à leur charge. Chacun reprit sa position, et, dirigeant leur course vers le nord, ils traversèrent le golfe du Mexique, entrèrent dans l'Amérique du Nord et mirent le cap directement sur les régions polaires, ce qui me donna la plus belle occasion qu'il soit possible d'imaginer de voir ce vaste continent.

Avant d'entrer dans la zone glaciale, le froid
commença à m'affecter ; mais, prenant une de
mes outres, je bus une gorgée, et trouvai que la
froidure ne me causait plus aucune impression.
En passant au-dessus de la baie d'Hudson, je
vis plusieurs vaisseaux de la Compagnie qui
étaient à l'ancre et beaucoup de tribus d'Indiens
qui venaient au marché avec leurs fourrures.

J'étais alors tellement habitué à mon siège, et
j'étais devenu un cavalier si expert que je pouvais me soulever et regarder autour de moi ;
mais, en général, je me tenais sur le cou de
l'aigle, que je serrais dans mes bras, tandis que
je plongeais les mains dans ses plumes pour
les tenir chaudement.

Dans ces climats froids, j'observais que les
aigles volaient avec une grande rapidité, dans
le but, je suppose, de garder leur sang en circulation. En passant par la baie de Baffin, je vis
plusieurs Groënlandais de grande taille vers
l'Est, et il y avait dans ces mers des montagnes
de glaces surprenantes et en grand nombre.

Tandis que j'examinais ces merveilles de la nature, il me vint à l'idée que c'était une bonne occasion de découvrir le passage du Nord-Ouest, s'il existait, et non seulement d'obtenir la récompense offerte par le gouvernement, mais l'honneur d'une découverte féconde en avantages pour toutes les nations de l'Europe. Mais tandis que mes pensées étaient plongées dans cette plaisante rêverie, je fus alarmé de voir le premier aigle frapper sa tête contre une substance transparente, et à l'instant celui que je montais eut le même sort, et tous deux tombèrent paraissant morts.

Nos vies se seraient probablement terminées là, si le sentiment du danger et la singularité de la situation ne m'avaient inspiré un degré d'habileté et de dextérité qui nous permit de tomber presque trois mille mètres perpendiculairement, avec aussi peu d'inconvénient que si nous avions descendu avec une corde. Car je ne m'aperçus pas plus tôt que les aigles frappaient contre un nuage gelé, ce qui est très commun

près des pôles, que (comme ils étaient l'un contre l'autre) je m'étendis sur le dos de celui qui
était en avant et je saisis ses ailes que je tins
étendues. En même temps j'allongeai les jambes
en arrière de façon à supporter les ailes de l'autre. Ceci eut l'effet désiré et nous descendîmes
très saufs sur une montagne de glace que j'esti-
mai être environ cinq mille mètres au-dessus
du niveau de la mer. Je descendis, je déchargeai
les aigles, j'ouvris une des vessies et j'adminis-
trai un peu de la liqueur à chacun d'eux, sans
penser que les horreurs de la destruction sem-
blaient conspirer contre moi. Le rugissement
des vagues, le craquement des glaces, les hurle-
ments des ours, conspiraient à former la scène
la plus terrible, et malgré tout cela, mon inquié-
tude de savoir si l'aigle en reviendrait était si
grande que j'étais insensible au danger auquel
j'étais exposé. Leur ayant donné tous les secours en mon pouvoir, je veillais sur eux
dans une pénible anxiété, sachant bien que
c'était seulement par leur moyen que je pour-

rais être délivré de ces régions désespé-
rées.

Soudain un ours monstrueux commença à
hurler derrière moi avec une voix de tonnerre.
Je me retournai, et, voyant l'animal prêt à me
dévorer, et ayant la vessie de liqueur dans les
mains, la frayeur me la fit presser si fort qu'elle
creva, et la liqueur, jaillissant dans les yeux
de l'animal, le priva totalement de la vue.
Il se détourna aussitôt de moi, s'enfuit tout
hébété, et bientôt il roula par-dessus un précipice de glace dans la mer, où je ne le vis
plus.

Le danger étant passé, je tournai de nouveau
mon attention vers les deux aigles, que je trouvai en bonne voie de revenir à eux ; et, pensant
qu'ils étaient affaiblis par besoin de nourriture,
je pris un des fruits de la viande de bœuf
que je coupai en petites tranches, et quand
je les leur présentai, ils les dévorèrent avec
avidité.

Leur ayant donné abondamment à boire et à

manger et disposé du reste de mes provisions,
je pris possession de mon siège comme auparavant. Après m'être remis et avoir ajusté toutes
choses de la meilleure manière, je commençai
à boire et à manger de bon cœur. Mais les effets
de la montagne, comme j'appelais cela, me mirent en joie, et je commençai à chanter quelques
vers d'une chanson que j'avais apprise quand
j'étais enfant. Le bruit épouvanta bientôt les
aigles, qui s'étaient endormis par suite de la
quantité de liqueur qu'ils avaient bue et se levè-
rent, paraissant terrifiés. Heureusement pour
moi, cependant, quand je leur avais donné à
manger, j'avais par hasard tourné leur tête vers
le sud-est, et ils prirent cette direction avec
un mouvement rapide. En peu d'heures, je
vis les îles Orcades, et, bientôt après, j'eus
l'inexprimable bonheur de voir la vieille
Angleterre. Je ne pris aucune note des mers
ou des îles au-dessus desquelles je pas-
sais.

Les aigles descendaient graduellement à mesure qu'ils approchaient de la côte, avec l'intention, comme je supposais, de se poser sur des montagnes du pays de Galles. Mais quand

l'aigle s'enfuit en peu de minutes.

ils vinrent à la distance d'environ soixante mètres, deux coups de canon furent tirés contre eux, chargés de balles dont l'une perça une des vessies qui pendaient à ma ceinture ; l'autre pénétra dans la poitrine de l'aigle qui était en

avant. Il tomba sur le sol, tandis que celui que
je montais, n'ayant aucun mal, s'enfuyait avec
une étonnante vitesse.

Cette circonstance m'alarma excessivement,
et je commençai à penser qu'il était impossible
pour moi de sauver ma vie. Cependant, je repris
courage, et je regardai encore une fois vers la
terre, quand, à mon inexprimable joie, je vis
Margate à peu de distance, et l'aigle descendant
sur la vieille tour d'où il m'avait emporté dans
la matinée précédente. Il ne fut pas plus tôt
descendu, que je me jetai en bas, heureux de
trouver que j'étais une fois de plus rendu au
monde. L'aigle s'enfuit en peu de minutes, et je
m'assis pour remettre un peu mes esprits agi-
tés, ce que je fis en peu d'heures.

Je fis bientôt une visite à mes amis et racon-
tai ces aventures. L'étonnement se marquait
sur toutes les figures. Leurs félicitations sur
mon heureux retour étaient répétées avec un
degré de plaisir qui n'était pas affecté, et nous
passâmes la soirée comme nous faisons main-

tenant, chaque personne présente accordant
les compliments les plus vifs à mon *courage* et
à ma *véracité.*

TABLE DES MATIÈRES

PREMIÈRE PARTIE.

CHAPITRE PREMIER.

DEUXIÈME PARTIE.

TABLE DES GRAVURES

POITIERS. — TYPOGRAPHIE OUDIN ET Cie.

www.ingramcontent.com/pod-product-compliance
Lightning Source LLC
Chambersburg PA
CBHW070409090426
42733CB00009B/1590